2ª edição
Do 5º ao 6º milheiro
1.000 exemplares
Maio/2019

© 2017 - 2019 by Boa Nova Editora

Capa e projeto gráfico
Juliana Mollinari

Diagramação
Juliana Mollinari

Revisão
Alessandra Miranda de Sá

Assistente editorial
Ana Maria Rael Gambarini

Coordenação Editorial
Ronaldo A. Sperdutti

Impressão
Vox Gráfica

Todos os direitos reservados. Nenhuma parte desta obra pode ser reproduzida ou transmitida por qualquer forma e/ou quaisquer meios (eletrônico ou mecânico, incluindo fotocópia e gravação) ou arquivada em qualquer sistema ou banco de dados sem permissão escrita da Editora.

O produto da venda desta obra é destinado à manutenção das atividades assistenciais da Sociedade Espírita Boa Nova, de Catanduva, SP.

1ª edição: Agosto de 2017 - 5.000 exemplares

O SENTIDO DO SOFRIMENTO
Do desafio à superação

MILTON MENEZES

Instituto Beneficente Boa Nova
Entidade coligada à Sociedade Espírita Boa Nova
Av. Porto Ferreira, 1.031 | Parque Iracema
Catanduva/SP | CEP 15809-020
www.boanova.net | boanova@boanova.net
Fone: (17) 3531-4444

Dados Internacionais de Catalogação na Publicação (CIP)
(Câmara Brasileira do Livro, SP, Brasil)

Menezes, Milton
   O sentido do sofrimento : do desafio à superação / Milton Menezes. -- Catanduva, SP : Instituto Beneficente Boa Nova Editora, 2017.

   ISBN: 978-85-8353-079-4

   1. Autoajuda 2. Espiritismo - Filosofia 3. Espiritualismo 4. Superação I. Título.

17-05820   CDD-133.9

Índices para catálogo sistemático:

1. Sentido do sofrimento : Espiritismo 133.9

A todos os clientes que me deram
a oportunidade de aprender sobre a
alma humana, a dor, transformação
da consciência e o sentido da vida.

"O sofrimento deve ser superado pelo amor, pela meditação, pela compreensão da sua presença na vida dos seres, fator de progresso, necessidade de reeducação, mecanismo da evolução que é [...]."

Joanna de Ângelis

"Se, nas horas de provação, soubéssemos observar o trabalho interno, a ação misteriosa da dor em nós, em nosso 'eu', em nossa consciência, compreenderíamos melhor sua obra sublime de educação e aperfeiçoamento."

Léon Denis

SUMÁRIO

Apresentação 13

Introdução 17

Capítulo 1

Qual é o sentido do sofrimento? 23

Capítulo 2

A visão do sofrimento através dos tempos 33

O sofrimento como castigo divino 36

O pensamento científico na luta contra o sofrimento 40

O surgimento da Doutrina Espírita 43

O sofrimento no novo paradigma 47

Capítulo 3

O processo do sofrer - Como se atravessa a experiência do sofrimento? 51

A subjetividade da dor 53

O sofrer diante de doenças graves 58

"Eu não me conformo!" 60

"Cheguei ao fundo do poço" 62

A consciência de culpa 64

O domínio ilusório do ego 66

Capítulo 4

As bases da Pedagogia do Sofrimento....................71

Sofrimento: método de ensino para o espírito........72

Visão evolucionista e reencarnacionista.................77

O perispírito..81

Convergência de conceitos com a psicologia transpessoal..83

Capítulo 5

Entendendo a Pedagogia do Sofrimento Modelo básico do psiquismo..89

Reencarnação e a dinâmica de transmissão de características..98

A "herança" do passado e o sofrimento atual 104

A "lição" que precisa ser aprendida......................114

Capítulo 6

A pedagogia nos grandes sofrimentos..................119

As grandes doenças do corpo físico......................121

O diabetes...123

As doenças autoimunes 126

Dificuldade de engravidar.......................................129

O tormento da depressão......................................132

O pânico 138

Capítulo 7

Sofrimentos que vêm de fora 147

Conflitos familiares e afetivos 148

Filhos problemáticos 151

Conflitos nas relações afetivas 153

A influência espiritual externa que causa sofrimento: o obsessor 155

O que é obsessão? 156

As diversas formas de influência espiritual 158

O que realmente causa a obsessão? 159

Só existe obsessão porque existe obsidiado 162

"Obsidiado, eu? Impossível!" 167

"Alguém me observa constantemente!" 172

Renovação de caráter, reparação e perdão na cura da obsessão 175

Capítulo 8

Os pequenos sofrimentos do dia a dia 179

Irritação 181

Mágoa 189

Inveja 193

Os pequenos sofrimentos contêm grandes lições 196

Capítulo 9

Para quê sofremos? 199

Bibliografia 210

APRESENTAÇÃO

"O que falta à ciência ainda... é sentimento."

"A dor, muitas vezes, é inevitável; o sofrimento não."

Em certa manhã ensolarada e quente de junho de 2001, estávamos todos – amigos, familiares, alunos, doutores – em uma sala de aula da Universidade Federal do Rio de Janeiro, assistindo à apresentação da tese de mestrado de Milton Menezes: *Individualismo e a crise da sociedade contemporânea. Um diálogo transdisciplinar com a psicologia transpessoal.* A tese, fazendo uma abordagem transdisciplinar, defendia, com ousadia, que a origem da crise da sociedade atual é, em particular, de ordem espiritual – o que, segundo as palavras do autor, não quer dizer necessariamente uma crise religiosa.

Em determinado momento, a banca o inquiriu sobre o que estaria faltando à ciência para dar conta desse problema. Após uma breve pausa reflexiva,

Milton respondeu: *Sentimento... o que falta à ciência ainda... é sentimento*. Devo confessar ao amigo leitor que, naquele momento, não pude conter a emoção, e a banca também não conseguiu ficar indiferente; por alguns segundos, reinou um profundo silêncio na sala. Talvez aquelas palavras tenham atingido tão intensamente nossos corações porque, no íntimo, sabemos que precisamos, embora ainda não sejamos capazes, ver no outro parte de nós mesmos.

Em nossas conversas particulares, tenho percebido no autor uma profunda sensibilidade e preocupação com o sofrimento do próximo, e este livro é o resultado dessa preocupação; de sua dedicação em aliviar a dor do semelhante, sendo ou não seu cliente; de suas reflexões e de sua experiência como terapeuta.

Segundo o autor, a vida tem um processo pedagógico próprio de ajuste, um mecanismo complexo, mas não necessariamente difícil de entender, para que cada um de nós encontre, dentro de si, a paz, a harmonia e a felicidade que tanto almeja. Este parece ser um dos grandes *insights* desta obra.

O leitor não encontrará aqui um manual de felicidade ou uma exaltação ao sofrimento, tampouco uma "receita de bolo" para deixar de sofrer ou um livro de autoajuda, apesar de esta obra convergir para esse fim. Ao lê-lo, ele começará a perceber que deixar de sofrer é muito mais um processo pessoal de *compreensão, mudança, transformação* e *atitude*. O livro, dentro de uma abordagem transpessoal e espiritual, irá fornecer as ferramentas necessárias para o entendimento do processo do sofrimento e de sua superação, e não se surpreenda, amigo leitor, se, durante a leitura, você perceber que a dimensão que damos ao nosso sofrimento está muito mais atrelada às nossas crenças e valores do que a fatores externos em si, e que o sofrimento não é tão intransponível como imaginávamos.

Caro leitor, espero sinceramente que as reflexões aqui contidas sejam, de alguma forma, úteis em sua vida, e, se necessário, que possam ajudá-lo na superação de seu sofrimento.

Jefferson Borges

INTRODUÇÃO

Em busca de uma vida melhor, na qual pudesse afirmar ser feliz, o homem vem se deparando com um adversário implacável: o sofrimento. Ao longo da história da civilização, vamos identificar uma constante preocupação com as diversas situações que representam, para o homem, algum tipo de sofrimento. Essa preocupação tem se refletido no investimento, não só de recursos financeiros, mas também de dedicação intelectual de cientistas e filósofos, de reflexão de religiosos e de pessoas comuns, nas diversas formas de explicar, eliminar ou contornar os agentes de aflições e dores.

As várias tentativas de explicação da origem e do sentido da vida e do homem, pelas tradições religiosas, não conseguiram suportar o avanço do pensamento racional científico, que acabou por determinar, ao longo dos três últimos séculos, um paradigma que trata o homem a partir de uma visão predominantemente materialista e mecanicista. Mesmo com os inegáveis avanços no campo da ciência, no entendimento do funcionamento do corpo físico e dos processos psicológicos, o sofrimento diante das doenças e da morte continua a desafiar o pensamento humano. Somente quando passamos a considerar o homem em sua dimensão espiritual é que conseguimos compreender questões seculares que atormentam nosso pensamento: De onde viemos? Quem somos? Para onde vamos? Por que sofremos?

Mais recentemente, a ciência vem reformulando seus conceitos e tende a aceitar um novo paradigma que introduza a dimensão espiritual do homem em seus modelos explicativos. A psicologia transpessoal é, talvez, a principal representante desse movimento no que diz respeito às pesquisas do psiquismo e dos novos processos psicoterápicos. Mas, mesmo com esse avanço, falta ainda um elemento fundamental no nosso ponto de vista, para que a psicologia transpessoal possa liderar também o processo de transformação definitiva do paradigma tradicional: o conceito da reencarnação. Apesar de já considerar o componente espiritual, a psicologia transpessoal não considera, necessariamente, a hipótese da reencarnação na sua formulação atual. É bem provável que isso se dê pela forte influência das tradições orientais, que possuem uma visão diferenciada desse fenômeno sobre os trabalhos dos principais autores transpessoais em todo o mundo.

Nesse ponto, a contribuição da Doutrina Espírita parece ser decisiva para a melhor compreensão daquelas questões fundamentais da humanidade. A partir da observação do fenômeno mediúnico, o Espiritismo pôde estabelecer um novo e revolucionário modelo de homem que converge para as mais recentes descobertas da Psicologia. Entretanto, é no conceito da reencarnação, como a Doutrina Espírita estabelece, que encontramos o mecanismo mais harmônico e lógico, capaz de englobar uma extensa gama de fenômenos como a comunicação e a influência espiritual, o processo de regressão de memória, as marcas de nascença e o sofrimento, entre outros.

Como resultado da repercussão do nosso primeiro livro – *Terapia de Vida Passada e Espiritismo – Distâncias e Aproximações* –, sentimos a necessidade de ampliar nossas reflexões sobre as questões que envolvem a origem e a manutenção do sofrimento nos indivíduos. Nossa intenção é colaborar nesses esforços empreendidos na compreensão do sentido do sofrimento em nossa existência. Dentro do quadro que traçamos antes, tínhamos uma grande oportunidade, pois, além de vários anos de estudos aprofundados da Doutrina Espírita, poderíamos lançar mão dos conhecimentos acadêmicos no campo da psicologia tradicional e, principalmente, da psicologia transpessoal, objeto de nossos estudos mais recentes para um programa de mestrado sobre o entendimento da crise da sociedade contemporânea.

Articulando esses saberes, tínhamos ainda o significativo material de experiência clínica com a terapia de vida passada (TVP)[1], que tem oferecido, ao longo destes anos, conteúdo para uma rica reflexão sobre a origem e a superação do sofrimento. Com a experiência de diversas regressões de memória, temos tido a possibilidade de compreender os caminhos pelos quais o espírito avança e os motivos que o fazem se atrasar na caminhada pela experiência do sofrimento. O embaraço que o sofrimento causa ao homem representa mecanismo harmônico com suas próprias construções anteriores, servindo a propósitos de educação, e não de punição. Daí a proposta de entender o que chamamos de *Pedagogia do Sofrimento*.

É claro que um tema tão complexo como este não poderá ser esgotado aqui. Nossa intenção é apresentar uma pequena reflexão, no Capítulo 2, sobre as principais abordagens do sofrimento ao longo da história do pensamento humano, até desembocarmos nas mais recentes visões que considerem o componente espiritual no entendimento desse fenômeno comum para a totalidade da humanidade. No Capítulo 3, refletiremos sobre a diferença entre sofrimento e o sofrer, ou seja, as diferenças com que cada um de nós pode passar pela mesma experiência de sofrimento.

[1] O leitor irá observar que no meu método cito "terapia de vida passada", e não como usualmente é chamada a expressão: "terapia de vidas passadas", no plural. A diferença é que, no meu método, não estou preocupado ou focado apenas nas experiências vividas pelo cliente em uma vida anterior em que estava "encarnado". Ao usar o termo no singular, refiro-me a toda e qualquer experiência que o indivíduo tenha na sua existência como espírito, incluindo aí a vida atual, sua vida intrauterina da vida atual e de outras vidas passadas, período intervidas (entre uma encarnação e outra) e, evidentemente, como encarnado em outras vidas. "Vida passada", então, é a vida passada do ser espiritual, daquele momento em que está comigo para trás no tempo.

A Pedagogia do Sofrimento terá suas bases conceituais e uma proposta de funcionamento do psiquismo descritas nos Capítulos 4 e 5. Após a apresentação do mecanismo que explica o processo pedagógico, o leitor terá uma sequência de capítulos nos quais mencionaremos diversos tipos de sofrimento explicados com base no modelo pedagógico. Portanto, no Capítulo 6, veremos como os grandes sofrimentos experimentados pelo homem – por exemplo, doenças físicas, depressão e transtorno de pânico – representam uma necessidade de aprendizado para o espírito.

No Capítulo 7 abordaremos os sofrimentos que comumente atribuímos a um agente externo, como os pertinentes a relacionamentos afetivos e processos obsessivos, mas que também trazem em si a necessidade de transformação do indivíduo como fator de superação.

No Capítulo 8 procuraremos compreender como os pequenos sofrimentos do dia a dia, como a irritação, a mágoa e a inveja, podem confirmar sua finalidade pedagógica.

Concluiremos o livro com o Capítulo 9 trazendo uma reflexão sobre as repercussões que a compreensão da Pedagogia do Sofrimento pode trazer ao indivíduo, na medida em que propõe uma nova forma de encarar o sofrimento.

Como o leitor poderá observar, nosso pensamento está marcado significativamente pelas contribuições de alguns autores importantes, tanto encarnados quanto desencarnados. Além dos autores de psicologia transpessoal e de terapia de vida passada, não podemos deixar de falar da influência que as obras do dr. Jorge Andréa dos Santos e do professor Hermínio C. Miranda exerceram em nossa forma de entender o problema do sofrimento sob uma ótica espiritual reencarnacionista. Inclusive, o modelo que utilizamos para explicar a Pedagogia do Sofrimento pode ser considerado uma adaptação do modelo de psiquismo utilizado pelo dr. Jorge Andréa ao longo de sua extensa obra.

Entre os autores espirituais, destacam-se as influências exercidas em nosso modo de pensar por Joanna de Ângelis e Manoel Philomeno de Miranda, que, pela psicografia de Divaldo Pereira Franco, têm oferecido verdadeiro manancial de conhecimentos e reflexões acerca da realidade espiritual do homem. E, é claro, não podemos deixar de mencionar também as obras básicas da Doutrina Espírita, apresentadas por Allan Kardec, que continuam a demonstrar sua atualidade diante dos avanços da ciência, tornando-se obrigatório o estudo, por parte do espírita, da sua mais consistente fonte de informações.

Esperamos que, ao final deste livro, o leitor possa concluir, respondendo às questões que envolvem o sofrimento: Qual é o sentido do sofrimento? O que levou aquele indivíduo em particular a desenvolver determinada psicopatologia? O que gera a dor, seja ela moral ou física?

As propostas apresentadas nesta obra levarão o leitor a uma abordagem que encara o sofrimento de forma positiva em nossa vida, pois ele pode ser visto como excelente mecanismo de educação ou reeducação para o espírito em sua busca pela sublimação. É com essa base que procuraremos entender o sofrimento.

CAPÍTULO 1

QUAL É O SENTIDO DO SOFRIMENTO?

Aos poucos eles foram chegando para nosso encontro. Não se conheciam, mas alguma coisa em comum os trazia ali: todos eram portadores de algum tipo de problema emocional ou físico e buscavam a cura de seu sofrimento através de terapia.

Eu, como terapeuta de vida passada, tinha feito uma proposta a alguns de meus clientes, que naquele momento começavam seus processos terapêuticos individuais, para que nos reuníssemos e pudéssemos discutir e refletir as questões que cada um tinha sobre o sofrimento. Eram de várias idades, de ambos os sexos, com religiões diferentes bem como de realidades socioeconômicas diversas. O que me interessava, em particular, era a troca de experiências que pudesse trazer a todos um momento de crescimento.

Quando o grupo se completou, fiz uma breve apresentação de cada participante e imediatamente apresentei uma questão para o grupo iniciar o debate: *Qual é o pior sofrimento para você?*

— Ah!, para mim é a dor física. Quando estamos doentes, tudo fica ruim... Ficamos tristes, não podemos fazer o que queremos ou gostamos — iniciou Pedro Paulo, expressando o abatimento que um problema no sistema imunológico lhe tinha gerado.

— Mas para esse tipo de sofrimento a gente pode ir ao médico, tomar um remédio ou fazer uma operação, e fica tudo bem. O pior é quando sentimos aquela depressão, aquela tristeza, sem saber o motivo. Vamos ao psiquiatra, tomamos remédio e... nada! Vamos ao terapeuta durante anos e... nada! Desculpe, doutor, mas é o que eu acho. Estou completamente sem esperanças de resolver o meu problema — disse Luiz Antônio, revoltado.

Já nas primeiras declarações ficava claro como cada um opinava segundo as próprias vivências pessoais, tendendo a generalizar, como se fosse comum a todos o que sentiam. As diferenças de percepção sobre as causas do sofrimento determinavam uma opinião radicalmente diferente.

— Pois eu acho que o pior sofrimento é aquele causado pelas outras pessoas. Quando menos esperamos, somos apunhalados pelas costas: uma traição, uma ingratidão, uma calúnia etc.

Essas palavras de Margareth me surpreenderam em particular, pois representavam uma exposição que ela evitava a todo custo com pessoas estranhas. Seu grande temor era ser traída ou caluniada por elas.

– Sei bem o que é isso! – falou Ana Maria. – Estou aqui justamente porque minha família não me entende mais. Fazem de tudo para me contrariar. Acho que fazem de propósito. Seria melhor morrer a assistir isso vindo de um filho!

Esta era uma queixa frequente entre os clientes que atendíamos: a suposição de que o motivo do sofrimento estava em algum aspecto externo ao indivíduo. São sempre muito comuns as reclamações sobre maridos e filhos difíceis, chefes e empresas intratáveis, governos e políticas opressoras etc. Muitas das vezes, como veremos em mais detalhes no Capítulo 2, esse tipo de reclamação tem sua fundamentação na crença de que o sofrimento vem de um agente externo, ou seja, a responsabilidade pelo sofrimento está fora da pessoa que sofre. Costumo amenizar essas convicções propondo a essas pessoas que façamos uma troca: ela volta para casa e manda para a terapia o "causador" do sofrimento. Na maioria das vezes, a pessoa percebe que isso é impossível. Ela é que precisa se conscientizar dos reais motivos que a fazem reagir com desequilíbrio diante das ações externas. Percebe então que a causa do sofrimento está nas próprias escolhas que faz na vida, em como reage emocionalmente nestas situações ou na forma como vê a vida. Estes, sim, precisam ser modificados, nas próprias pessoas e não "fora" delas.

Aproveitando essas opiniões sobre o sofrimento que parece vir de "fora", questionei o grupo sobre qual seria a origem do seu sofrimento. A apresentação dessa questão trouxe ainda mais diferenças à tona:

– Depende. Se for um problema orgânico, é por causa da disfunção do corpo. O corpo começa a funcionar mal e acaba gerando desequilíbrios no seu funcionamento, originando a dor. Já nos problemas emocionais e nos relacionamentos, acho que é por causa da criação dos pais e das dificuldades que a criança tem na infância. Pelo menos, é o que eu acho...

A reflexão de Luiz Antônio expressava o quanto era racional e como havia optado por um modelo mecanicista e reducionista de ver o homem. Veremos essa influência com mais detalhes no próximo capítulo.

– Mas eu conheço dois irmãos que foram criados da mesma forma e um se tornou uma pessoa estranha, isolada, depressiva, chegando até a tentar suicídio umas três vezes, que se saiba, enquanto o outro, não. Acho que era alguma perturbação... – disse Ana Maria.

– É verdade – emendou Margareth. – Dizem que pode ser perturbação espiritual. O espírito do mal envolve a pessoa até ela ficar desequilibrada.

– O que é isso? – reagiu Luiz Antônio. – A ciência já mostrou que tudo isso é mentira!

O debate, a partir daí, ficou acalorado, pois a visão do sofrimento e de suas causas esbarrara em questões dos pressupostos filosóficos individuais: o que cada um acreditava, como via o mundo, se existiam ou não espíritos, se tudo isso era fantasia ou até mesmo patologia.

– Se é maluquice, então vou precisar de internação, pois eu mesma já vi espíritos andando na minha casa – afirmou Cláudia em sua primeira participação no debate.

Ela havia procurado a terapia pela dificuldade em engravidar, apesar de todos os exames clínicos demonstrarem condições físicas normais.

Procurei acalmar os ânimos, dizendo que não estávamos buscando a verdade das coisas, ou procurando convencer uns aos outros de nossas impressões, mas sim verificando como existem diferentes formas de encarar os fatos e que, em certos momentos, precisávamos flexibilizar nosso ponto de vista para ampliar a possibilidade de entendimento dos fenômenos que nos cercavam, afinal de contas, todos nós havíamos adotado vários sistemas de crenças e valores que influenciavam de maneira decisiva a forma de vermos e interpretarmos o mundo.

Pedi que Cláudia completasse sua opinião.

– Eu acredito nessas coisas – disse ela –, acredito na reencarnação, e acho que nosso sofrimento vem de coisas erradas que fizemos em vidas passadas e pelas quais, hoje, precisamos pagar. Se hoje sofro com minha dificuldade de engravidar é porque devo ter usado mal o meu corpo ou ter feito muitos abortos. Hoje eu sofro muito só de pensar que posso ter sido assim...

Era perceptível que Cláudia havia adotado uma crença e que, provavelmente, não tinha consciência disso – da relação muito marcante entre pecado, culpa e punição, talvez oriundos de fortes conceitos religiosos. Falaremos, nos próximos capítulos, um pouco mais sobre essa influência e suas consequências, muitas vezes perniciosas, no psiquismo do ser.

Cláudia passou alguns instantes relatando seu drama com a dificuldade de gerar um filho. Falou de suas apreensões e tristezas. Trouxe um relato emocionado que foi acompanhado silenciosa e respeitosamente pelo grupo. É impressionante como as pessoas são capazes de, em momentos assim, serem solidárias e acolhedoras! Todos dirigiram expressões de encorajamento para Cláudia ao final de seu relato. Para mim havia ficado a forte impressão de um sentimento de culpa que parecia corroer aquela mulher por dentro. Ela se punia por um passado que, mesmo na hipótese de ser verdadeiro, não trazia nenhuma contribuição na superação de seu sofrimento. Estava claro que o "passado" tinha se tornado um algoz implacável.

A narração de Cláudia provocou maior sensibilização no grupo, que passou a relatos mais pessoais e carregados de emoção. Foi percebendo essa emoção em Paula, portadora de um transtorno de pânico, que ainda não tinha participado do debate, que me dirigi a ela. Incentivada a participar, se assim quisesse, trouxe uma outra visão para nós:

– Vocês vão me perdoar, mas penso de modo diferente. Acho que tudo pelo que passamos na vida é fruto da vontade do Criador. Deus sabe o que cada um de nós precisa para chegarmos até Ele. Se envia o sofrimento, ou é por conta de nosso pecado ou é um testemunho de nossa fé. Para mim, a maioria dos sofrimentos vem por conta do pecado dos homens. Eu, por exemplo, procuro seguir uma vida correta, honesta e digna. Não consigo entender por que sofro. Por que essa síndrome do pânico me ataca? O que eu fiz a Deus?

A oportunidade desse desabafo trouxe um alívio grande para ela.

Havia em Paula, de maneira sutil, uma forte indignação e, estampado em seu rosto e em sua voz, a inconformação diante de seu problema. Sua revolta parecia vir da impossibilidade de entender a lógica da origem de seu sofrimento e da crença em um Deus vingativo e arbitrário.

Cada participante foi colocando suas impressões e questões sobre os próprios sofrimentos. Após duas horas, encerramos nosso encontro com uma avaliação da qual pude recolher relatos positivos, que demonstravam como nosso objetivo inicial tinha sido plenamente atingido: todos saíram revigorados para o enfrentamento que iriam empreender contra o seu sofrimento; tinham verificado que seu sofrimento não era o único; puderam trocar impressões, opiniões, solidariedade e afeto. De algum modo, estavam mais fortes.

Entretanto, se para eles o encontro terminara, para mim representava o começo de uma nova etapa de reflexão. Permaneci olhando para as cadeiras vazias e ainda podia "ver" e "ouvir" os comentários, as reações em cada momento do encontro e, principalmente, as diferenças. Cada situação que me vinha à mente remetia-me a uma série de indagações cujas respostas somente o desenrolar dos processos terapêuticos me traria.

Como entender cada um daqueles sofrimentos? Será que sofriam por conta de suas crenças filosóficas ou religiosas? Sim, porque isso parecia trazer algum tipo de reação: uns eram mais conformados; outros, mais revoltados. É claro que tinham perspectivas de vida diferentes, bem como valores e situações sociais, culturais e financeiras diversas. Entretanto, em alguns momentos, apesar dessas diferenças, as reações emocionais eram impressionantemente semelhantes.

Qual seria o peso desses aspectos sociais na formação do sofrimento? Qual seria o peso de suas crenças e valores no entendimento e na superação do sofrimento?

Por outro lado, alguns tinham demonstrado claramente a convicção de que sofriam por causa de fatores externos, fossem eles a família, o emprego, influência espiritual etc.

Nossas observações ao longo de vários anos de experiência no trato da dor e do sofrimento sob a perspectiva da terapia de vida passada nos levava a considerar que sempre havia um componente de responsabilidade pessoal na origem dos sofrimentos. Onde estaria essa responsabilidade pessoal em um caso como o de Margareth, que sempre achava que seria traída pelas pessoas que a cercavam? Ou como o de Ana Maria, em que os familiares eram a "origem" de seus principais problemas? Outras pessoas podiam efetivamente nos fazer sofrer, ou sempre tínhamos algo a ver com isso?

O caso de Luiz Antônio também parecia intrigante. Tinha um diagnóstico prévio de depressão. Entretanto, suas reações de revolta e, às vezes, de ódio em relação às situações de sua vida que o frustravam nos remetiam a novos questionamentos. Seria a crise depressiva uma consequência desse perfil de personalidade? Ele poderia ter desenvolvido um quadro depressivo em função de algum tipo de conjunto de crenças que viriam do seu passado e que, agora, levavam-no a uma grande frustração? Sua posição sempre muito cética e racional seria um agravante?

Comecei a deixar o pensamento fluir sem me prender a nenhuma dessas questões naquele momento. Já tinha aprendido, ao longo da minha experiência profissional, o quanto era inútil qualquer antecipação de conclusão sobre os motivos do sofrimento. Somente o convívio com aquelas pessoas iria revelar, no seu devido tempo, quais eram esses verdadeiros motivos.

Entretanto, a mente investigadora de terapeuta mantinha as questões básicas: Qual é o sentido "daquele" sofrimento "daquela" pessoa? Como as pessoas encaram seu sofrimento? Por que sofremos? O que precisa ser feito pelas pessoas, em cada caso, em favor da superação ou do abrandamento do sofrimento? Qual é a finalidade do sofrimento?

CAPÍTULO 2

A VISÃO DO SOFRIMENTO ATRAVÉS DOS TEMPOS

A batalha contra o sofrimento não é recente. Sempre existiu, ainda que por motivos diferentes. Pelos inconvenientes das sensações dolorosas ou negativas que traz, o sofrimento sempre foi, e ainda é, visto como redutor do prazer ou da felicidade.

No início da história da humanidade, as preocupações e os interesses do homem se prendiam ao atendimento das necessidades materiais mais imediatas como a saciedade da fome e da sede, proteção e abrigo etc. Podemos entender claramente que, nessa dimensão da existência humana, o sofrimento seria caracterizado pela interrupção ou impedimento da realização dessas necessidades básicas. A solução primordial passa a ser a busca e a conquista dos objetos que possam satisfazer a tais necessidades.

Conforme as sociedades vão se tornando mais complexas, as necessidades também vão se multiplicando. Parece que, por não termos, às vezes, melhores condições para avaliar o verdadeiro sentido de nossa existência, passamos a desencadear uma busca acelerada por experiências de prazer, principalmente através de sensações físicas.

À procura de encontrarmos a plenitude da vida, enveredamos pelas experiências extravagantes das sensações. Alimentação cada vez mais exótica e abundante. Bebidas cada vez mais elaboradas, no intuito de promover alguma alteração nos sentidos e nas sensações físicas e mentais, que pudessem representar momentos de satisfação. Experiências no campo da sexualidade levaram-nos a comportamentos desajustados, promíscuos e sem nenhum regramento. A lógica é simples: se sinto prazer (satisfação das sensações), quanto mais fizer, maior será o prazer (felicidade). Só que essa equação possui soluções indeterminadas. Quanto mais buscamos a realização das sensações físicas ou das paixões, mais constatamos o vazio interior como resultado. A queda de verdadeiros impérios, o desequilíbrio e comprometimento das relações sociais, causados por esse estado de coisas, que levam à ruína de povos e, principalmente, dos indivíduos, possuem tantos exemplos ao longo da história da humanidade, que julgamos ser desnecessário citá-los.

Muitas vezes, a constatação do sofrimento como algo inevitável na vida – pelo envelhecimento e adoecimento do corpo – resultou no aparecimento de correntes filosóficas que defendiam a vivência intensa dos prazeres enquanto fosse possível ao indivíduo. Sem se dar conta, a busca da felicidade através de momentos de prazer levava os homens a caminhos de maior desequilíbrio e comprometimento. O resultado pode ser observado até nos dias de hoje, quando ainda predomina, no Ocidente, uma cultura hedonista[1] na condução da vida dos indivíduos e na determinação de seus objetivos e metas de vida.

A complexidade da vida em sociedade acabou por tornar também complexa a experiência do prazer. A busca da promoção social e da dominação, quer política, quer econômica, territorial ou no campo das ideias, sempre mobilizou o indivíduo no sentido de conseguir experimentar sensações de prazer em ser reconhecido como superior ou indispensável.

A procura por essas experiências de prazer levou o indivíduo a grandes sofrimentos. O primeiro, para conseguir esses momentos de prazer; o segundo, os grandes esforços para mantê-lo. O terceiro tipo de sofrimento está na frustração da maioria dos indivíduos, que, certamente, não conseguiram sequer se aproximar das experiências que idealizaram como fundamentais ou únicas a fim de lhes proporcionarem prazer e felicidade.

---

[1] *Hedonismo*: doutrina filosófica surgida com Aristipo de Cirene, discípulo de Sócrates, por volta do século V a.C., que considerava que a única finalidade reservada ao ser humano era a busca do prazer individual. (Joanna de Ângelis, psicografia de Divaldo P. Franco. *Amor, Imbatível Amor*, 1998, p. 52.)

O SOFRIMENTO COMO CASTIGO DIVINO

Um caminho para o entendimento e a superação do problema do sofrimento passa pelas formas de relação do homem com Deus. A atribuição de um poder de vida e morte a Deus, qualquer que fosse seu modo de manifestação, tornava as religiões e seus principais representantes intermediários valiosos no esclarecimento de dúvidas do pensamento humano.

Na Antiguidade, a característica do pensamento humano, chamado de mágico ou pré-mágico, resultou em explicações mitológicas para a experiência do sofrimento. A existência de muitos deuses, cada um com uma função na relação com a realidade humana, fazia com que se acreditasse na atuação da vontade desses deuses na determinação de dores e sofrimentos. São conhecidos os mitos de Prometeu ou Medeia, segundo os quais a ocorrência de experiências dolorosas se dá com base em uma decisão dos deuses.

Depois desse período, inicia-se um outro, marcado pelo pensamento judaico-cristão, particularmente, como tentativa de dar conta da dúvida diante do grande sofrimento que representava a morte para os homens. O temor, em face do imponderável e do imprevisível, acabou resultando em um fortalecimento das instituições religiosas na determinação de explicações e providências perante os assuntos relacionados ao sofrimento durante a existência carnal, e do que poderia ocorrer depois da morte, fosse o que fosse.

Esse fortalecimento das instituições religiosas, principalmente da Igreja Católica, possibilitou o surgimento de diversas interpretações do sofrimento como forma de estabelecer um código de conduta moral para o homem. Durante muitos séculos, principalmente na Idade Média, o sofrimento seria visto como punição aos pecados cometidos pelos homens. Com esse elemento de coerção, parece que se pretendia reduzir os excessos na busca desenfreada pelo prazer. O temor a um Deus com atribuições excessivamente humanas, justiceiro e vingativo, passou a nortear as regras de convívio social. Se, por um lado, poder-se-ia supor uma redução nos comportamentos distorcidos, por outro, nova gama de dores e aflições resultou dessa posição, que se revelou frágil diante dos jogos que os seres humanos sempre foram capazes de fazer para manter seus interesses pessoais.

Esse período do pensamento humano está marcado por uma forma especial de ver o homem. Este é considerado como constituído de duas partes: a material, através do corpo físico, e a sua essência espiritual, mas com evidente supremacia do espírito sobre o corpo. Durante muito tempo, inclusive, o corpo foi considerado como agente do desvio e da perdição do espírito, justificando práticas de autoflagelo, pelo sofrimento físico, como um modo de sua depuração e elevação. A supremacia da vida espiritual sobre a corporal também teria servido para explicar ou atenuar os efeitos da desigualdade social, de riquezas e de condições de sobrevivência, na medida em que a carência desses recursos poderia ser entendida como uma troca por uma vida de plenitude e fartura nos "Céus".

Muitas vezes, a inconformação e a revolta dos homens advinha da impossibilidade de se entender a lógica da origem do sofrimento. A crença em um Deus vingativo, e muitas vezes parecendo arbitrário, feria as convicções de alguns dos mais ardorosos fiéis. A exortação aos casos como o de Jó, dos livros bíblicos, procurava explicar a ocorrência do sofrimento como necessidade de testemunho de fé cega e adoração a Deus, bem como de demonstração do poder divino sobre os homens.

Desse período trazemos importantes marcas da consciência de culpa, insculpidas em nossos espíritos pela responsabilidade nos sofrimentos do Cristo crucificado, justificando a necessidade de punir a humanidade... Paradoxalmente, aquele que trazia uma mensagem de amor, compreensão e perdão servia de motivo para justificar a "ira" de Deus por meio da punição dos responsáveis, pelo sofrimento.

Para efeito de nossas reflexões, o mais importante é verificar como o sofrimento, nesse período, entendido como punição ou vingança de Deus, vem de um agente externo ao indivíduo, ou seja, a responsabilidade pelo sofrimento está fora dele, sendo, na maioria das vezes, imposto. Como tudo o que é imposto sem compreensão clara dos motivos, essa visão gera revolta e indignação em muitos dos sofredores.

Entretanto, o poder do medo prevalecia sobre os indivíduos. A ameaça de uma definição irrevogável, ao se aproximar o momento crucial da morte, entre as dimensões do Céu ou do Inferno conforme a conduta moral e, principalmente, a submissão aos dogmas religiosos, provocou um significativo sentimento de angústia e pavor. Imaginem como podemos ter vivido esta angústia e pavor naquela época (não podemos esquecer que consideramos a reencarnação), ao aguardar a definição sobre nosso futuro entre Céu e Inferno a partir da avaliação do comportamento, nem sempre exemplar, que tivéssemos assumido ao longo da existência.

Na disputa pela sobrevivência, acabamos por assumir comportamentos originados por nossa natureza instintiva, que se colocava acima de qualquer outra configuração de valores na qual podemos pensar hoje. Não por maldade.

Muitas dessas ameaças de sofrimento eterno, com base em uma "condenação ao Inferno", procuraram ser contornadas com grandes doações em dinheiro, terras ou poder, construções de Igrejas, compras de indulgências etc., talvez em uma tentativa desesperada dos indivíduos para conseguir um lugar tranquilo ao lado dos anjos celestes.

O modelo explicativo de homem e de mundo desse período do pensamento humano desdobrou-se em inúmeras distorções e paradoxos. Talvez a principal dessas distorções, que influencia até hoje a humanidade, seja a convicção exclusivista de que "somente a minha visão, os meus valores e conceitos são a expressão da verdade absoluta". Com base nesse pressuposto, muitos foram os sofrimentos impostos aos "diferentes" de qualquer ordem. O movimento das Cruzadas, que em nome de Jesus utilizava a espada para a conversão ou eliminação dos pagãos, ou a Inquisição, que procurou, identificando os hereges, aniquilar qualquer forma de questionamento aos dogmas vigentes, são exemplos desse antagonismo. Vale ressaltar que não estamos imputando à Igreja Católica essa culpa. Parece-nos que ela só representou uma faceta do caráter humano, que poderia ser identificada em diversas outras situações históricas. Entretanto, os excessos patrocinados pela causa católica são marcantes na formação do pensamento e da cultura ocidentais.

O PENSAMENTO CIENTÍFICO NA LUTA CONTRA O SOFRIMENTO

Durante muito tempo acreditou-se que o sofrimento do homem, individual ou coletivo, fosse uma manifestação direta da vontade de Deus. Muitas citações no *Antigo Testamento*, como em Levítico (cap. 13, v. 9 a 11), chegam a associar a hanseníase (lepra) à manifestação de Deus em punição do pecado. As pestes nas plantações ou epidemias que assolavam os povos sempre representaram algum tipo de indício da ira ou do descontentamento de Deus para com os homens. A própria menção ao episódio do dilúvio está estreitamente associada a uma punição divina com consequente mecanismo de depuração dos que são bons, justos e tementes a Deus, em detrimento dos demais homens, destinados à aflição e à morte.

Com o passar do tempo, identificaríamos o surgimento de um novo tipo de pensamento humano. O avanço do pensamento racional iria alterar profundamente os modelos explicativos vigentes para os fenômenos envolvendo o homem.

A formação de um pensamento científico, as descobertas nos campos da Biologia, da Astronomia e da Física acabariam por derrubar muitos dos dogmas impostos pela Igreja, como o da infalibilidade papal, que oferece ao papa a condição de intermediário da verdade divina inquestionável. A ideia de que a raça humana se originou de um único homem começa a ser questionada pelos estudos que resultaram nas teorias da evolução. A influência dos estudos de Copérnico e de Galileu, muito perseguidos pela Igreja, seria decisiva na consideração de um Universo – onde o Sol é o centro do sistema solar, e este é apenas um entre diversos outros sistemas planetários – diferente do dos escritos sagrados.

Com o avanço, principalmente das ciências biológicas, o homem passa a conhecer o funcionamento e a fisiologia do corpo. A descoberta das bactérias, dos vírus e demais agentes provocadores de doenças infectocontagiosas; bem como o desenvolvimento de produtos capazes de os combater, restituindo a saúde, deitaram por terra a maioria das explicações do paradigma anterior. A possibilidade de atuação do homem sobre a natureza, modificando-a naquilo que "Deus fez de errado ou que não deu certo", representou a supremacia do pensamento racional sobre o mítico-religioso. A razão, então, seria capaz de dar conta de qualquer problema humano, principalmente daqueles ligados ao sofrimento. Era apenas uma questão de tempo para se conhecer o funcionamento de algumas funções, alguns microrganismos ou o desenvolvimento da tecnologia apropriada, e a doença seria vencida. Julgamos, por um momento, ser capazes até de vencer a morte.

A humanidade começa, assim, a estabelecer um novo modelo, um novo paradigma no entendimento do homem, da vida e do mundo. Nesse momento histórico, podemos identificar a ocorrência de um acordo tácito e lúcido entre as correntes de pensamento em curso: aquilo que pudesse ser observado, mensurado, medido, previsto etc. seria objeto de estudo da ciência e da razão; o que fosse da ordem do subjetivo, do intuitivo, do místico ou religioso, por ser objeto de fé, ficaria no campo das religiões.

Esse acordo inaugurou a vigência, nos últimos quatro séculos, do paradigma newton-cartesiano, nomeado assim pelas importantes contribuições dos pensadores Isaac Newton e René Decartes. Esse acordo tem seus pontos positivos e negativos para o desenvolvimento do pensamento humano.

O aspecto positivo é, sem dúvida, o desatrelar do pensamento científico em relação à estrutura dogmática religiosa em geral. Esse rompimento foi fundamental para permitir o desenvolvimento de todo o conhecimento que a ciência pôde produzir até então. Sem ele estaríamos ainda presos a uma estrutura de conceitos primitivos e sem a possibilidade de desfrutarmos dos recursos provenientes da tecnologia que esse pensamento científico aplicado continua a produzir, visando ao aumento do conforto e da melhoria das condições de vida dos indivíduos. Pelo menos, potencialmente, temos hoje essa condição.

O aspecto negativo foi que o pensamento científico tendeu a considerar o componente religioso do ser humano como artigo de ingenuidade, distante da realidade concreta; despreparo científico; ou artigo de fé. A consequência natural foi um pensamento cada vez mais materialista, fragmentado e distante das realidades espirituais do indivíduo.

Mas, apesar dos grandes avanços verificados pelo desenvolvimento da ciência, nem o materialismo nem a razão foram capazes de eliminar o problema do sofrimento humano, do envelhecimento com a deterioração do corpo físico ou da morte. Descoberta a cura de um mal, outro se apresenta como desafio ao saber científico. Uma forte tendência ao individualismo passaria a caracterizar as sociedades contemporâneas complexas, principalmente as industriais, nas quais o isolamento e as solicitações consumistas envolvem os indivíduos em quadros de ansiedade, depressivos, melancólicos e de grande angústia existencial. Julgamos que tal se dê por um conflito profundo do ser mediante a dúvida sobre os reais sentidos de sua existência terrena.

O SURGIMENTO DA DOUTRINA ESPÍRITA

É nesse contexto que irá surgir a Doutrina Espírita. A partir das obras básicas codificadas por Allan Kardec, o pensamento ocidental tem a oportunidade de convergir a razão e o rigor aplicados nas observações científicas às especulações filosóficas sobre a origem e destinação do homem. Os conceitos trazidos pelos espíritos por meio do fenômeno mediúnico permitiriam uma nova reflexão sobre os temas que sempre afligiram a humanidade. A existência de Deus como causa primária das coisas, a preexistência e a sobrevivência do espírito ao corpo físico, a possibilidade de comunicação desse elemento espiritual desencarnado com o encarnado, a pluralidade dos mundos habitados e, principalmente, o conceito da reencarnação abririam os horizontes para um novo e ampliado entendimento do mundo, da vida, do homem e de seu sofrimento.

A partir das comunicações dos espíritos, principalmente através do conceito da reencarnação, a Doutrina Espírita iria mudar o entendimento do sofrimento e suas causas. Agora, o sofrimento não seria mais fruto de uma imposição externa atribuída a Deus, mas efeito de um desequilíbrio interno originado em atitudes e comportamentos anteriores – desta ou de existências anteriores – do próprio ser espiritual, que se manifesta na personalidade atual:

> [...] Todavia, por virtude do axioma segundo o qual todo efeito tem uma causa, tais misérias são efeitos que hão de ter uma causa e, desde que se admita um Deus justo, essa causa também há de ser justa. Ora, ao efeito precedendo sempre a causa, se esta não se encontra na vida atual, há de ser anterior a esta vida, isto é, há de estar numa existência precedente. [...] Assim se explicam, pela pluralidade das existências e pela destinação da Terra como

mundo expiatório, as anomalias que apresentam a distribuição da ventura e da desventura entre os bons e os maus neste planeta.[2]

Como podemos verificar neste trecho de *O Evangelho segundo o Espiritismo*[3], é o próprio comportamento do espírito em suas diversas existências que determina o desequilíbrio cujo resultado será a necessidade do sofrimento atual. Deus não se apresenta como um juiz a declarar sentenças punitivas para os erros, mas, refletindo o atributo de bondade e justiça absolutas, permite mecanismos autorreguladores para os homens, que podem determinar o percurso e a velocidade de seu caminho evolutivo pelo uso do livre-arbítrio: "Indubitavelmente, conforme acentua a Doutrina Espírita, o homem é a síntese das suas próprias experiências, autor do seu destino, que ele elabora mediante os impositivos do determinismo e do livre-arbítrio".[4]

Entretanto, mesmo com essa visão, podemos nos deparar com uma preocupante tendência a se assumir o sofrimento como punição, ou melhor, autopunição. Não são poucos os espíritas que entendem o sofrimento como a melhor forma de pagarmos os erros do passado, como pudemos constatar em pesquisa realizada em outro trabalho nosso.[5] Tal como veremos

---

[2] Allan Kardec. *O Evangelho segundo o Espiritismo*. 112. ed. São Paulo: FEB, cap. V, item 6.
[3] Allan Kardec. *O Evangelho segundo o Espiritismo*. 112. ed. São Paulo: FEB, cap. V, item 6.
[4] Joanna de Ângelis, psicografia de Divaldo P. Franco. *O Homem Integral*, 1991, p. 29.
[5] Para melhor esclarecimento, indicamos a leitura de nosso livro *Terapia de Vida Passada e Espiritismo – Distâncias e Aproximações*, em que apresentamos pesquisa que demonstra essa posição.

à frente, a consciência de culpa internalizada por essa forma de pensar é responsável por grande número de dores emocionais e psicossomáticas nos indivíduos.

Apesar de constatarmos frequência significativa de termos como punição, pecado, culpado, dívida etc. nas obras básicas da Doutrina Espírita, seu estudo mais aprofundado revela não serem punitivos os objetivos do sofrimento em nossa vida. É preciso estar atentos aos resíduos inconscientes, quase atávicos, que trazemos de nossas encarnações, nas quais partilhamos das convicções de "necessidade de punição ao pecado".

Sem uma reflexão bem ponderada, corremos o risco de acabar confundindo o sofrimento com o objetivo da vida. Muitas vezes, mesmo que inconscientemente, as pessoas podem estar influenciadas por essa confusão. Na verdade, a Doutrina Espírita, em diversos pontos, esclarece-nos sobre o real objetivo de nossa existência:

Questão 132. Qual o objetivo da encarnação dos Espíritos?

Deus lhes impõe a encarnação com o fim de fazê-los chegar à perfeição. Para uns, é expiação; para outros, missão. Mas, para alcançarem essa perfeição, têm que sofrer todas as vicissitudes da existência corporal: nisso é que está a expiação. Visa ainda outro fim a encarnação: o de pôr o Espírito em condições de suportar a parte que lhe toca na obra da criação.

[...]

Questão 167. Qual o fim objetivado com a reencarnação?
Expiação, melhoramento progressivo da Humanidade. Sem isto, onde a justiça?[6]

Em *O Céu e o Inferno*,[7] Kardec deixa claro que a reencarnação serve a um duplo objetivo: o desenvolvimento tanto intelectual quanto moral do indivíduo. Por essa visão, podemos identificar que o fenômeno do sofrimento concorre para a execução dessa finalidade da vida, já que é parte tão significativa dela.

O SOFRIMENTO NO NOVO PARADIGMA

A despeito da contribuição oferecida pela Doutrina Espírita através da comunicação dos espíritos, codificada por Allan Kardec, a ciência pouco ou nada aproveitou ainda desses conhecimentos. Somente mais recentemente pudemos perceber o surgimento de um questionamento significativo do modelo ou paradigma newton-cartesiano por parte da própria ciência, estendendo os domínios do conhecimento humano para além da realidade objetiva considerada até então.

Foi por meio da principal disciplina representante do paradigma tradicional, a Física, que os conceitos de realidade, tempo e espaço começaram a ser relativizados. Como não é nosso objetivo, neste trabalho,

---
[6] Allan Kardec, *O Livro dos Espíritos*, FEB, 1985.
[7] Allan Kardec, FEB, 1987, p. 31.

aprofundarmo-nos neste aspecto, prenderemo-nos aos desdobramentos oferecidos por estas descobertas no campo da Física nos estudos sobre a consciência humana, o psiquismo e a espiritualidade.

A principal consequência desses estudos no campo do psiquismo e da consciência foi a constatação da existência de diversos níveis de consciência, além dessa normalmente identificada com nossos sentidos básicos e sensações. Com base nesses pressupostos, passou-se a encarar no ser humano algo mais que sua complexa máquina biológica. O homem começou a ser considerado em suas diversas possibilidades de manifestação, sendo visto como um ser bio-psico-socio-cultural e espiritual. Portanto, ampliam-se os aspectos de entendimento do homem, da vida e do mundo. A esse novo modelo muitos vêm chamando *holismo*.[8]

Dentro de um paradigma tradicional, a saúde vai ser avaliada como possibilidade de equilíbrio estático em que não haja a ocorrência de sintomas dolorosos visíveis e palpáveis. Não podemos deixar de levar em conta os avanços significativos que, a cada dia, a ciência tradicional proporciona à humanidade. Entretanto, se considerarmos apenas um dos níveis, por exemplo, o físico, teremos uma visão empobrecida e restrita do

---

[8] Muitos têm confundido a utilização do termo *holismo*, associando-o à possibilidade de utilização de inúmeras práticas espirituais, esotéricas ou alternativas. Na verdade, o termo refere-se a um modelo que considera a integração e a interdependência das diversas dimensões do ser humano.
No caso do sofrimento, a abordagem *holista* entende que toda patologia resulta de uma interação de vários componentes: orgânico, psicológico, social, cultural e espiritual. Uma proposta de tratamento deverá levar em consideração a interdependência dos demais fatores envolvidos.

ser humano, perdendo a possibilidade de atendê-lo nas suas complexas dificuldades. O entendimento do fenômeno humano, assim ampliado, passa a ser uma exigência para a ciência da atualidade, que, hoje, tem se aproximado dessa visão holística do ser humano, por exemplo, através da psicossomática e da psicologia transpessoal.

Na psicossomática, já se consegue visualizar a aceitação dos componentes psicológicos na gênese de distúrbios orgânicos, e vice-versa. Esse é um passo importante na direção de uma conceituação mais ampla, dentro da ciência, desses mecanismos sutis que se observam nos distúrbios físicos, mentais e emocionais. Outro passo é a inclusão do componente espiritual, em desequilíbrio, na origem do sofrimento humano – algo que tem sido o desafio da psicologia transpessoal.

A partir, principalmente, dos estudos de Stanislav Grof, a psicologia transpessoal começou a estruturar uma nova maneira de entendimento do ser humano que integra esse componente espiritual como fundamental na sua estruturação. As pesquisas da psicologia transpessoal resultaram na formulação de novas cartografias do psiquismo humano, considerando a possibilidade de o homem perceber outras realidades além daquela proposta e considerada pela visão materialista.

Para esse pesquisador, a doença é a forma de manifestação de um desequilíbrio na estrutura psíquica complexa, que ocorreu em determinada etapa da vida do sujeito: na atual ou pregressa, real ou simbólica. Com essa visão, a psicologia transpessoal consegue atender a um número significativo de patologias e explicar fenômenos antes considerados objetos de estudo da parapsicologia ou das diversas linhas esotéricas. A vivência de experiências transpessoais, acompanhada terapeuticamente por um profissional da área de saúde mental, mostrou-se eficiente instrumento de reequilíbrio e eliminação de sintomas.

Em um modelo holístico, o conceito de saúde irá se prender à vivência de um estado chamado *equilíbrio dinâmico*. Isso porque, na verdade, um estado estático de equilíbrio é impossível, tamanhas são as solicitações externas ou internas constantes a que estamos submetidos no dia a dia. Sempre que alcançarmos um estado de equilíbrio, estaremos sujeitos a pressões provenientes do contexto sociocultural, dos conflitos oriundos do relacionamento interpessoal existente, das próprias dinâmicas emocionais internas, além daquelas vindas de camadas mais profundas do psiquismo, de onde emergem conteúdos positivos ou negativos, que alteram toda a estruturação adquirida. Como fica claro para o leitor, esse sistema está plenamente de acordo com a visão espírita mencionada anteriormente. É a convergência inevitável dos saberes na compreensão plena do ser humano. Tal dinâmica será de imenso valor no entendimento da nossa Pedagogia do Sofrimento.

CAPÍTULO 3

O PROCESSO DO SOFRER – COMO SE ATRAVESSA A EXPERIÊNCIA DO SOFRIMENTO?

Aquele homem de meia-idade que entrava no meu consultório trazia as marcas do sofrimento. Era sua terceira sessão no processo terapêutico. Mais uma vez, apresentava o relato de uma vida, desde a infância, de muitas dificuldades. Nascido em um lar com poucos recursos financeiros, teve que conviver com inúmeras restrições, muitas vezes sem conseguir ver atendidas suas necessidades básicas de alimentação, saúde e educação. Além disso, a estrutura familiar não trazia elementos suficientes para compensar as deficiências de recursos materiais. Seu pai vivia desempregado, muito provavelmente pelo uso indiscriminado de bebidas alcoólicas, fato que também tinha proporcionado algumas cenas de violência doméstica, principalmente direcionadas à mãe. Nosso cliente assistiu a tudo aquilo desenvolvendo, desde cedo, a convicção de precisar se distanciar o mais rápido possível daquele convívio insuportável.

Ao chegar à idade de catorze anos, começou a trabalhar como ajudante em um pequeno estabelecimento comercial, conciliando o trabalho com o estudo noturno. Movido por um grande desejo de autonomia, cedo foi morar em uma vaga de um cômodo, sob o pretexto de passar a morar perto do trabalho, economizando assim tempo, dinheiro e desgaste físico. Daí para o casamento precoce, quando tinha apenas 19 anos, com a namorada de 17, foi um pulo.

Seu espírito de superação de dificuldades propiciou um avanço profissional significativo. Com a dedicação ao trabalho acabou sendo convidado a constituir sociedade em um dos estabelecimentos comerciais de seu antigo patrão. Em breve, sua maneira de agir controlada e econômica permitiu a abertura do próprio negócio. Duas filhas complementaram a família. Mesmo tendo que conviver com uma esposa sujeita com frequência a crises depressivas, principalmente após o nascimento da segunda filha, ele considerava sua vida feliz até então.

Os problemas começaram há menos de dois anos, quando uma sucessão de acontecimentos fez nosso cliente entrar no que ele chamou de "inferno astral". Tudo parecia ter virado pelo avesso. Sua esposa entrara em uma crise depressiva sem precedentes, necessitando de acompanhamento psiquiátrico e utilização de medicamentos que impossibilitavam a execução de suas tarefas domésticas de maneira adequada. Os negócios exigiam cada vez mais a sua presença e, mesmo assim, tinha sido vítima de um golpe financeiro dado por um funcionário de confiança, tendo que assumir vultosa dívida com bancos para não comprometer seus empreendimentos comerciais. Além disso, suas filhas tinham passado a reivindicar facilidades e autonomia com as quais ele não concordava. Como podiam, dizia ele, duas meninas quererem sair sozinhas de carro, viajar um final de semana inteiro com o namorado, voltar de festas tarde da noite etc.? Perguntei quantos anos suas filhas tinham na época: 21 e 19!!!

Apesar da severidade com que procurava tratar a questão da educação das filhas, tentando inclusive compensar a falta que a mãe fazia, tinha sido surpreendido, mais recentemente, com a declaração da gravidez da mais nova. Nada mais parecia dar certo! O que ele poderia fazer para que sua vida voltasse ao normal? O que a terapia poderia fazer por ele?

A SUBJETIVIDADE DA DOR

Esse é um breve relato que exemplifica um sem-número de casos em que as situações da vida vão sendo percebidas pelos indivíduos como desestruturantes. Nós o usaremos para refletir sobre algumas questões importantes: Como as pessoas atravessam a experiência do sofrimento? Quais são as diferentes reações diante de fatos como os relatados anteriormente? O que determina essa diferença de reação? Como, enfim, nós mesmos atravessamos a experiência do nosso sofrimento?

Este capítulo pretende levantar pontos para reflexão sobre os determinantes de uma reação diferenciada em cada pessoa – às vezes em cada situação, pela mesma pessoa – diante das diversas situações entendidas como dolorosas, seja física, emocional ou moralmente. A preocupação, neste ponto da obra, será com o processo do *sofrer*.

Qual foi a sua reação, leitor, diante desse relato? Para você, esse indivíduo que procura a terapia é movido por que tipo de sofrimento? Sim, porque tomamos o cuidado de não apresentar qual a reação dele diante da situação que vivia. A queixa é clara: ele quer saber como fazer para sua vida voltar ao normal. Mas o que é uma "vida normal" para esse indivíduo? Como ele vem reagindo desde quando as coisas passaram a "não dar certo" para ele?

Algumas pessoas estariam nos procurando movidas por um quadro de extrema *revolta* diante das variações nas condições de vida ocorridas a partir de determinado momento. Não aceitariam essas modificações que influenciam a qualidade de vida, os projetos etc. Não se conformariam com a impotência diante de fatores que não têm como modificar.

Outros poderiam nos procurar vivenciando profundos estados de *angústia* e *insegurança* diante dessa situação. A expectativa destes seria a de um crescente declínio da qualidade de vida. Seus sentimentos seriam de *medo* diante da perspectiva de perdas iminentes:

perda de conquistas, da imagem social, da segurança financeira etc.

Já outros poderiam estar demonstrando um quadro de profundo *abatimento* diante dessas circunstâncias. A *tristeza* seria predominante diante da frustração de não verem atendidas suas expectativas de realização nos diversos aspectos da vida atual.

Certas pessoas, diante de um quadro como esse, repetiriam uma frase muito conhecida: *Onde foi que eu errei*? Normalmente, nesses casos, um profundo, e muitas vezes inconsciente, sentimento de *culpa* orienta a reação da pessoa, que tende a avaliar que a situação resultou tão negativa por uma falha ou descuido de sua parte, considerando-se assim a única responsável pelo sofrimento resultante dessas alterações.

Poderíamos enumerar diversas outras possibilidades de reação diante de uma situação como a relatada por nosso cliente. Na maioria das vezes, teremos uma combinação de vários desses motivos, intrincadamente misturados, em alguns casos até sendo difícil a identificação e tratamento adequado. O *sofrimento* por si só não determina o modo como a pessoa vai passar por ele. O dr. Jorge Andréa, eminente estudioso de psiquismo e reencarnação, afirma: "A experiência em si nunca é difícil, mas, sim, as oposições e resistências que dirigimos aos fatos com as nossas viciações".[1] Com isso, podemos concluir que, diante de um mesmo *sofrimento*, cada indivíduo pode ter um *sofrer* completamente diferente.

Portanto, o sofrer depende da maneira como o indivíduo interpreta a vivência daquele acontecimento que traz algum tipo de desconforto. Esse desconforto

---
[1] Jorge Andréa. *Visão Espírita das Distonias Mentais*, FEB, 1991, p. 137.

pode se dar no campo das sensações físicas, dos transtornos do pensamento, das alterações dos sentimentos, como também repercutir no comportamento dos indivíduos; qualquer um desses tipos de desconforto, ou suas possíveis combinações, pode ser encarado como *dor*.

Essa interpretação dos acontecimentos comumente tem relação direta com o entendimento que o indivíduo faz de si mesmo – sua visão de homem –, a visão do sentido de sua existência e sua interação com os demais elementos do universo: natureza, sociedade etc. Essa configuração de valores norteia sua existência e direciona esse indivíduo por meio de comportamentos e escolhas coerentes entre si. Ou seja, muitas vezes internalizamos e registramos, em determinado nível inconsciente, uma série de propósitos e conceitos que passarão a orientar nossa conduta na busca pela conquista de uma condição – ou algo próximo a ela – eleita como ideal, para uma experiência de plena satisfação. No íntimo, aspiramos constantemente uma meta final de *felicidade*.

As diferenças no processo do sofrer parecem resultar de inúmeros fatores. Alguns são identificados e estudados de forma consistente pela Psicologia Tradicional.[2] Por considerar a vida do homem apenas a partir do nascimento biológico na atual existência, todos os fenômenos tendem a ser explicados como consequência de fatores identificados na história

---

[2] Chamaremos aqui de Psicologia Tradicional aquela que tem uma concepção de homem coerente com o paradigma newton-cartesiano, ou seja, aquela que considera apenas a realidade física observável pelos sentidos básicos do ser humano e limita o entendimento do homem e dos fenômenos da consciência como resultado dos processos fisiológicos do corpo físico.

biográfica do indivíduo. Portanto, todos os comportamentos, reações diversas, valores, formação intelectual e moral do indivíduo seriam resultantes de um somatório de fatores individuais – psicológicos, físicos etc. – e outros de ordem coletiva ou externa – sociais, culturais, ambientais etc. Essa combinação envolveria a influência dos pais, as condições de vida na primeira infância, experiências traumáticas ou significativas, fatores relacionados ao meio social em que a criança nasce, sua formação intelectual, os pressupostos e os valores compartilhados pela cultura em que vive.

Entretanto, uma visão ampliada pelo componente espiritual do ser humano e, principalmente, pela possibilidade de esse ser espiritual reencarnar em diferentes situações sociais, culturais e de experiências individuais irá oferecer uma outra gama de fatores que tendem a influenciar decisivamente na configuração de valores e atitudes da vida atual.

Como veremos adiante, as inúmeras experiências vividas pelo ser espiritual ao longo das sucessivas encarnações influenciam o modo como os indivíduos reagem diante de cada situação nova proposta pela vida na atual existência. O sofrimento, inclusive, pode ser entendido como reação aos desequilíbrios provocados em experiências anteriores, que ficaram registrados nas estruturas psíquicas e espirituais do ser, aguardando o reequilíbrio. Entretanto, se a experiência do sofrimento é um processo de reequilíbrio do ser espiritual, por que ele reage a ela de maneira tão diversa e dolorosa?

O SOFRER DIANTE DE DOENÇAS GRAVES

Quando analisamos o sofrer, não podemos deixar de comentar as formas de reação do homem diante das doenças graves. Muitos estudos têm sido realizados sobre como o homem lida quando constata que tem uma doença crônica grave.

Uma das principais autoras nessa área é a dra. Elizabeth Kübler-Ross,[3] que se dedicou durante anos ao estudo da tanatologia,[4] envolvendo pacientes portadores de câncer. Suas pesquisas identificaram alguns padrões de reação na maioria dos portadores de doenças consideradas fora de possibilidade terapêutica, vulgarmente chamadas doenças terminais. Durante alguns anos, tivemos oportunidade de trabalhar em um hospital especializado em pacientes oncológicos e pudemos confirmar a ocorrência desses estágios nesses indivíduos.

Diante da confirmação do diagnóstico de câncer, uma das primeiras reações dos indivíduos é a *negação*. A pessoa tende a negar a gravidade da doença, julga que os exames estão errados ou trocados, e procura outros médicos em busca de um diagnóstico diferente, ou apenas acaba por negar definitivamente a gravidade do problema, afastando-se de qualquer forma

---

[3] Elisabeth Kübler-Ross. *Sobre a Morte e o Morrer*. São Paulo: Martins Fontes, 1992.
[4] A *tanatologia* reúne, atualmente, estudos de diversas áreas do conhecimento humano (como Medicina, Psicologia, Sociologia, Direito, Antropologia etc.) sobre o fenômeno da morte e suas repercussões na vida dos indivíduos.

de tratamento. O resultado desse comportamento inconsciente costuma ser o agravamento do problema, levando o indivíduo exatamente àquilo que ele mais teme: o sofrimento e, às vezes, a morte.

Após a fase da negação, em geral o indivíduo vai para uma fase de *revolta*. Passa a agredir as pessoas que cuidam dele, rebela-se contra os médicos que o tratam, podendo chegar à insubordinação com os medicamentos prescritos. É comum nessa fase a revolta contra Deus através de expressões do tipo: "Por que comigo? Que mal eu fiz a Deus para merecer este sofrimento?"

A próxima fase pela qual o paciente terminal passa é a da *barganha*. Costuma desenvolver algum tipo de acordo consigo mesmo, do tipo: "Se eu ficar bom, prometo que vou doar dinheiro aos pobres". Algumas vezes, essa barganha se converte em promessas feitas aos santos ou a qualquer outra forma de poder sobrenatural que possa intervir nos quadros da doença, através de um milagre. Não estamos querendo desconsiderar os efeitos da fé na reversão de quadros patológicos. Pelo contrário. Durante nossa prática clínica com esse tipo de paciente, tivemos a oportunidade de desenvolver um estudo sobre o efeito da fé e da religião nos quadros oncológicos.[5] Mas o fato é que esse comportamento na fase da barganha, quando patológico, tende também a afastar o indivíduo do tratamento médico.

Em seguida verifica-se, normalmente, a fase da *depressão*, assim chamada pela reação de desmotivação e de abatimento a que se entrega o indivíduo.

---

[5] O estudo resultou em uma monografia de nossa autoria intitulada *Câncer, Fé e Religião*.

Nessa fase, ele fica propenso a afastar-se das pessoas, buscando isolar-se dos que cuidam e tratam dele. Não reage com nenhum tipo de progresso no tratamento em curso. Os relatos mais comuns desses pacientes dão conta de sua convicção na inutilidade de todos os procedimentos empreendidos, incapazes de alterar o desfecho da doença: muito sofrimento, culminando com a morte.

Por último, as pessoas costumam entrar em uma fase que chamamos de *aceitação*, na qual ocorre uma reação mais equilibrada diante da dura realidade que enfrenta. O paciente costuma fazer recomendações práticas sobre providências após a sua morte. Não evita o contato, mesmo que com dor, com seus entes queridos.

É claro que a forma, a intensidade e o tempo de duração dessas fases variam de pessoa para pessoa. Mas, de modo geral, todos os indivíduos vivenciam as fases citadas anteriormente durante o sofrer de doenças ditas terminais.

"EU NÃO ME CONFORMO!"

O principal motivo da experiência de dor e sofrimento diante das situações da vida parece repousar no que chamamos *ilusão da fragmentação*. O homem tende a viver a ilusão de que as dimensões que o constituem – física, psicológica, social, espiritual etc. – são separadas e, além disso, de que a realidade física é a mais importante. Essa ilusão, repetidamente reforçada, resultou no esquecimento das dimensões espirituais e de suas necessidades. A priorização das necessidades da dimensão do ego individual arrastou o homem para a busca incessante da concretização de prazeres relativos às dimensões mais materiais. O problema não está na busca por prazeres das dimensões materiais, mas na convicção de que esta é a única capaz de trazer a experiência da felicidade ao homem.

> Ademais, há aquisições que proporcionam prazer em um momento para logo se transformarem em dores acerbas. E o responsável por esse resultado é a ilusão. A maioria dos sofrimentos decorre da forma incorreta por que a vida é encarada. Na sua transitoriedade, os valores reais transcendem ao aspecto e à motivação que geram prazer.[6]

Como resultado dessa ilusão, o homem acaba por acreditar-se destinado à conquista de todas as formas de satisfação das sensações mais densas. Julga-se detentor dos direitos à posse das coisas como forma de justiça ou merecimento diante de valores sociais ou culturais de diferenciação. Essa atitude íntima costuma levar o homem à procura desenfreada, irresponsável e egoísta do que é melhor para si em detrimento dos outros. Daí vem a reação de ira, revolta e inconformação diante da negação ao atendimento de suas necessidades pelas situações da vida.

Se essa negação vier por meio da atuação de outros indivíduos, podemos identificar reações de agressividade

---

[6] Joanna de Ângelis, psicografia de Divaldo P. Franco. *Plenitude*, 1991, p. 22.

e violência na tentativa de restabelecer aquilo que ele julga ser seu de direito. Esquece-se da transitoriedade desses valores, como diz Joanna de Ângelis, fazendo com que a vida gire em torno deles. Pela imaturidade psicológica em que nos encontramos ainda, permitimos que atavismos sociais e hábitos culturais reforcem e cristalizem essa configuração de valores materialistas, transformando-os em condicionamentos distorcidos que nos afastam da realidade espiritual do ser.

O indivíduo não compreende que, assim, agrava seu quadro, já que a vivência da ira, da revolta, da inconformação e da agressividade tendem a ampliar as desarmonias do ser como um todo, gerando mais sofrimento e aumentando a necessidade de esforços no sentido da neutralização desses efeitos sobre ele mesmo.

"CHEGUEI AO FUNDO DO POÇO"

A ilusão a que nos referimos pode também gerar uma reação de abatimento e "entrega" diante do sofrimento. Convencido de que a prioridade é o atendimento aos caprichos do ego dominador, o indivíduo pode constatar as grandes dificuldades que existem para obter os objetos e as condições que estabeleceu como necessários à sua felicidade. Por julgar que está tudo pronto e acabado, não se vê em condições de realizar para si e os seus as metas estabelecidas pelo seu modelo ideal de prazer. Por não compartilhar de valores espirituais consistentes, acaba por se abater e se entregar diante das dificuldades.

O desânimo vai minando as forças que lhe poderiam oferecer caminhos alternativos ou o atendimento parcial de algumas necessidades, ou, ainda, a compreensão e aceitação das dificuldades vivenciadas. A falta de perspectiva na superação dos problemas e a falta de fé e de confiança na própria capacidade acabam por derrotá-lo, muitas vezes, antes mesmo da luta. Por acreditar-se desprovido de recursos para a superação, entrega-se aos processos depressivos ou de alienação como reação à sua impossibilidade de conquistas socialmente valorizadas.

Em nossa sociedade ocidental, principalmente, a valorização pelas conquistas materiais, pela projeção social, pela estabilidade econômica, entre outras, costuma gerar uma permanente condição de medo do fracasso nos indivíduos. Julga-se que somente aqueles que são reconhecidamente vencedores poderão desfrutar as regalias e os privilégios do consumo de bens que possam proporcionar sensações prazerosas, de conforto e segurança. As escassas oportunidades desse nível de conquista acabam determinando uma competição desmedida entre os indivíduos, que, muitas vezes, recorrem a expedientes condenáveis em busca dessas aquisições. Procurando o sucesso, mesmo quando o alcança, o homem é obrigado a conviver permanentemente com o fracasso. A insegurança acaba por determinar um processo de sofrer repleto de ansiedade e angústia diante das possibilidades de perda do que conquistamos ao longo da vida, o que nos leva a viver reféns do medo.

O homem vive na Terra sob a ação de medos: da doença, da pobreza, da solidão, do desamor, do insucesso, da morte. Essa conduta é resultado de seu despreparo para os fenômenos normais da existência, que deve encarar como processo da evolução.[7]

A CONSCIÊNCIA DE CULPA

Em outros casos, como vimos, a reação diante das vicissitudes é de um significativo sentimento de culpa. Por se julgar, inconscientemente, isolado de tudo e de todos, o homem acha que tudo depende apenas de seus esforços. Cobrados que somos por crescentes níveis de sucesso, ao sermos confrontados por alguma situação adversa, buscamos nossas responsabilidades no acontecimento. Aquilo que poderia ser um processo saudável e maduro de crescimento pode passar a se constituir motivo de grande sofrimento.

À medida que o indivíduo julga ser o único responsável, começa a cristalizar em si mesmo uma *consciência de culpa* dolorosa. Quando esse processo se dá de modo consciente, a reversão do problema fica relativamente facilitada, pois, mediante uma análise ponderada e abrangente do problema, o indivíduo poderá identificar e quantificar sua participação no acontecimento, bem como aqueles fatores que escapavam à sua condição de visibilidade ou conhecimento,

---
[7] Joanna de Ângelis, psicografia de Divaldo P. Franco. *Plenitude*, 1991, p. 24.

desenvolvendo assim um processo de entendimento que neutraliza os efeitos da culpa.

O grande problema se apresenta quando esse sentimento de culpa é inconsciente, ou seja, resulta de marcas profundas no psiquismo do ser espiritual, provenientes de vivências anteriores a essa existência na qual se sentiu culpado, fazendo com que esse indivíduo se avalie sempre como único responsável pelos acontecimentos negativos que ocorrem consigo ou com os que o cercam. Dessa avaliação inconscientemente distorcida, o indivíduo tende a desenvolver um processo de autopunição que pretende ser coerente com a necessidade de correção do mal provocado.

Quando esse processo se estabelece, as pessoas costumam desenvolver comportamentos autodestrutivos diretos ou indiretos, impondo-se toda a sorte de sofrimentos adicionais que, de modo inconsciente, julgam necessários como punição ao mal cometido. Tais pessoas tendem a adotar uma atitude altamente passiva diante do sofrimento, sendo comum a alegação de resignação perante ele.

Parece-nos importante compreender melhor o uso do termo *resignação*. Em geral, costumamos considerar dois tipos de resignação: a passiva e a ativa. A resignação passiva é a caracterizada anteriormente. O indivíduo não reage diante dos acontecimentos, julga com isso aceitar "os desígnios de Deus" ou "pagar pelo erro do passado". Essa omissão diante do sofrimento pode representar a atuação do que chamo binômio culpa × autopunição, ou seja, um mecanismo de punição aceito como lógico e necessário para aplacar a culpa do erro cometido. O arrependimento, nesses casos, não leva a um processo de reparação.

Já a resignação ativa é aquela em que o indivíduo, mesmo quando reconhece sua responsabilidade, não se imobiliza diante dos acontecimentos. Aceita as limitações que, possivelmente, seu erro tenha provocado, mas continua a insistir. Se um caminho percorrido resulta em negação pela vida, insiste, pois sabe que talvez a conquista exija perseverança. Se, mesmo assim, a negativa permanece, recua e tenta uma outra alternativa, pois também sabe que precisa buscar caminhos de crescimento e reparação, removendo a causa real que o levou ao erro anterior e evitando uma repetição desastrosa. Desenvolve assim coragem e paciência diante da adversidade. Não se pune, pois tem plena consciência de que a vida, por si só, é o melhor árbitro nessas questões.

O DOMÍNIO ILUSÓRIO DO EGO

Como já destacamos antes, uma das maiores dificuldades que podemos verificar na maneira de lidar com o sofrimento é a dissociação ou fragmentação que promovemos de nossa essência espiritual. Iludidos com as solicitações de prazer do ego, afastamo-nos de nossa realidade íntima, projetando em objetos externos as causas de nosso sofrimento e de nossa satisfação. Quando não os conseguimos, sofremos. Quando os conseguimos, por não representarem o real sentido de nossas existências, acabam gerando sofrimento pela frustração da efemeridade do prazer que nos proporcionam e por não encontrarmos, com eles, os níveis de felicidade almejados. Esse processo cria insatisfações, frustrações e, consequentemente, mais sofrimento. Em função de nossa imaturidade espiritual e psicológica, temos extrema dificuldade em lidar com a realidade do sofrimento.

Essa imaturidade se consolida pelo medo do ego em perder as formas de prazer que valoriza momentaneamente, mas que gerarão desconforto no futuro. Em uma tentativa desesperada de preservar algum tipo de prazer, nosso ego estabelece uma série de estratégias que visam burlar, compor ou manipular a realidade, de modo a conseguir o máximo de prazer sem abrir mão de coisa alguma. Desenvolvemos diversos mecanismos de defesa do ego que, apesar de procurarem defendê-lo, geram mais distorções e mantêm os desequilíbrios internos sem resolvê-los, sendo o principal deles a ilusão que estabelece a ênfase da dimensão material sobre a espiritual. O resultado desse processo costuma ser a fixação do indivíduo nas teias do sofrimento:

> Fugir, escamotear, anestesiar o sofrimento são métodos ineficazes, mecanismos de alienação que postergam a realidade, somando-se sempre com a sobrecarga das complicações decorrentes do tempo perdido. Pelo contrário, uma atitude corajosa de examiná-lo e enfrentá-lo representa valioso recurso de lucidez, com efeito terapêutico propiciador de paz.[8]

---

[8] Joanna de Ângelis, psicografia de Divaldo P. Franco. *Plenitude*, 1991, p. 16.

Quanto maior a conscientização do ser de sua realidade espiritual, maior a possibilidade de elaborar saídas do sofrimento. Entretanto, não bastam as vias da razão para superá-lo. Muitos indivíduos, mesmo tendo profundos conhecimentos intelectuais da realidade espiritual, deparam-se com grandes dificuldades quando visitados pelo sofrimento.

Lembro-me de uma senhora que me procurou no consultório movida por intenso sofrimento decorrente da perda do esposo, companheiro de longa data, que desencarnara recentemente deixando-a às voltas com uma série de incumbências e responsabilidades até então desconhecidas para ela. Oradora espírita, questionava os critérios de Deus e dos Espíritos Superiores em retirar do seu convívio aquele que lhe permitia poder se dedicar à divulgação da mensagem espírita, agora comprometida pelas responsabilidades impostas pela ausência do companheiro. A morte do esposo vinha, ao contrário do que ela pensava, despertá-la para uma outra série de compromissos no campo da família, igualmente necessários na sua atual existência. Como afirma o dr. Jorge Andréa:

> Ninguém se encontra no mundo para realizar, de modo integral, os desejos conscientes, aqueles que se desenvolvem principalmente em relação com os fatores do meio, mas os que a natureza íntima ou estrutura do inconsciente impõe visando às necessidades evolutivas do ser. A tendência será sempre para o equilíbrio nos diversos setores da vida.[9]

---
[9] Jorge Andréa, *Visão Espírita das Distonias Mentais*, 1991, p. 133.

Além do conhecimento intelectual da realidade espiritual, é necessário experimentá-la, vivenciá-la e compreendê-la. Nosso objetivo será, nos próximos capítulos, demonstrar que o sofrimento é uma forma de sinalizar as distorções internas do ser humano, suas incoerências que precisam ser harmonizadas bem como deficiências, que precisam ser identificadas e revertidas através do desenvolvimento de novos valores. O sofrimento possui, então, uma função educativa e redentora para o espírito, sendo, por isso, considerado uma *pedagogia*.

A avaliação equilibrada dos aspectos aflitivos da experiência humana oferece recursos para uma verdadeira transformação do ser espiritual. Enfim, poderemos verificar que o *sofrer*, ou seja, a maneira como os indivíduos passam pela experiência do sofrimento, pode demonstrar aquilo que precisa ser transformado em sua configuração de valores, aquilo que precisa entrar em harmonia para a conquista e a consciência da sua realidade espiritual.

CAPÍTULO 4

AS BASES DA PEDAGOGIA DO SOFRIMENTO

Como pudemos observar, a perspectiva espiritual do homem promove uma mudança radical na consideração e no entendimento do sofrimento e suas causas. Enquanto as religiões judaico-cristãs atribuem a causa do sofrimento a um agente externo ao homem, normalmente a divindade, a Doutrina Espírita vem estabelecer uma inversão no eixo de responsabilidade sobre a origem do sofrimento, trazendo essa responsabilidade para dentro do próprio indivíduo. Daí a modificação também da função do sofrimento, não como um processo punitivo das faltas do passado, como muitos consideram, mas um processo pedagógico do ser espiritual. Para demonstrar como funciona a Pedagogia do Sofrimento apresentaremos, primeiramente, suas premissas.

Além da Doutrina Espírita, estaremos lançando mão das principais contribuições recentes da psicologia transpessoal e da terapia de vida passada, pois essas abordagens consideram o componente espiritual do homem na compreensão da vida e da dor e, com isso, complementam e convergem decisivamente para os postulados espíritas.

A utilização da metodologia de terapia de vida passada nos tem oferecido valioso material de reflexão sobre as questões do sofrimento e sua finalidade, e também sobre os processos de transformação empreendidos por aqueles que conseguem superar seus problemas. Ao longo de muitas experiências com regressão de memória dos indivíduos, em processo terapêutico, tivemos contato com inúmeras comprovações do aspecto pedagógico do sofrimento.

SOFRIMENTO: MÉTODO DE ENSINO PARA O ESPÍRITO

A observação de inúmeros casos nos quais buscamos a origem e o tratamento de diversas patologias em experiências de vidas passadas do indivíduo deram-nos a chance de identificar que a vivência do sofrimento é um processo natural de reequilíbrio do espírito encarnado. Parece que cada sofrimento traz características específicas e singulares à história individual, permitindo, assim, que a vivência, a análise e a compreensão desses conteúdos ajudem essas pessoas a superar seus problemas. É por esse motivo que passamos a chamar esse processo de Pedagogia do Sofrimento.

Para nossa reflexão, poderemos considerar a existência de uma força motriz interior, um conjunto de princípios íntimos que rege a dinâmica psicológica e espiritual do homem, no sentido de sua educação, formação e instrução. Mas, ao longo de seu processo evolutivo rumo à felicidade, parece que o homem vem se desviando dos ideais de educação pretendidos pelos seus níveis espirituais mais profundos. Tais desvios parecem determinar a necessidade de processos corretivos ou de reeducação, que seriam uma reorientação das diretrizes mais essenciais desse espírito imortal. Utilizaremos, então, a expressão *Pedagogia do Sofrimento* para designar esse mecanismo de funcionamento do psiquismo do ser imortal, que busca a reorganização íntima a partir da experiência extrema do sofrimento. Dizemos "extrema", pois parece que o sofrimento surge quando falharam todas as tentativas de conscientização do espírito através do esclarecimento, do emprego equilibrado da vontade e das ações rumo à sua meta primordial: o equilíbrio interno e a integração harmoniosa com todas as dimensões do Universo.

Como veremos, o espírito utiliza várias estratégias, vários métodos e recursos, para levar as dimensões mais densas do ser a maior conscientização dos aspectos que estão em desacordo com a harmonia do conjunto, da totalidade do ser integral. Daí nossa proposta em utilizar o termo pedagogia. Ao pesquisarmos no *Novo Dicionário Aurélio da Língua Portuguesa*, encontramos no verbete "Pedagogia":

PEDAGOGIA: 1. Teoria e ciência da educação e do ensino. 2. Conjunto de doutrinas, princípios e métodos de educação e instrução que tendem a um objetivo prático. 3. O estudo dos ideais de educação, segundo uma determinada concepção de vida, e dos meios (processos e técnicas) mais eficientes para efetivar esses ideais. 4. Profissão ou prática de ensinar.

Portanto, estamos pensando no sofrimento como uma "ciência" da educação e do ensino do espírito imortal. A diversidade de experiências dolorosas promove um sem-número de situações que podem ser consideradas princípios e métodos eficazes de educação e instrução desse espírito rumo a um objetivo prático: o seu aperfeiçoamento pleno. O sofrimento passa a ser considerado potente prática de ensinar – ensinar o espírito a se conscientizar e buscar sua verdadeira essência, da qual se distanciou por inúmeros motivos ao longo da jornada existencial. Para Joanna de Ângelis:

> O sofrimento é via de redenção espiritual, face ao incompleto desenvolvimento moral do indivíduo. Opção pessoal, é roteiro destituído de qualquer ação punitiva, educando ou reeducando através dos mesmos mecanismos, graças aos quais houve comprometimento, desvio de rota, desrespeito às leis da vida. A sua presença vige enquanto se faz necessária a depuração.[1]

A associação do sofrimento ao desvio provocado pelo próprio espírito em sua caminhada evolutiva também é abordada em *O Livro dos Espíritos*.[2] Na questão

---
[1] Joanna de Ângelis, psicografia de Divaldo P. Franco. *Plenitude*, 1991, p. 77.
[2] Allan Kardec, FEB, 1985.

1.009, os espíritos, respondendo a Allan Kardec sobre as penas eternas, esclarecem que o sofredor é aquele indivíduo que, por um desvio, por um falso movimento, afastou-se do objetivo da criação: o culto harmonioso, do bem e do belo. Ou seja, nós, ao longo de vidas sucessivas, em vários momentos, afastamo-nos daquilo que poderia ser considerado mais adequado à harmonia do Universo e de nós mesmos. O sofrimento então, seguem esclarecendo os espíritos, seria a consequência natural da deformidade causada por esses desvios no próprio espírito. Seria uma certa soma de dores necessárias para que o indivíduo se desgoste de sua deformidade; é o aguilhão que faz o espírito se dobrar sobre suas escolhas do passado e retornar ao caminho reto.

Costumo comparar esse processo ao viajante que segue por uma estrada asfaltada, totalmente lisa e sem buracos, mas infinitamente reta. Ao olharmos para frente, só vemos as distorções no horizonte provocadas pelas ondas de calor que se desprendem do asfalto quente. Em dado momento, nosso viajante se cansa daquela monotonia. Pensa poder modificar seu trajeto, encurtando-o através de um atalho. Muda bruscamente de direção, certo de que pode encontrar um caminho que o leve ao objetivo final. Só que, ao mudar de rumo, depara-se com a mudança do terreno. Deixa o asfalto liso e seguro, e passa a caminhar no acostamento, mais escorregadio e perigoso. Pouco mais à frente, deixando o acostamento, o piso é de barro, apresentando depressões e no qual está sujeito a derrapagens. Enquanto permanece convencido de que este último caminho será mais curto, ou mais prazeroso, nosso viajante permanece no novo rumo tomado, apesar das dificuldades que o terreno vai apresentando.

Mais adiante, o terreno está coberto de vegetação que esconde buracos e surpresas, levando nosso viajante a quedas, arranhões e tropeços. Persistindo em sua escolha inicial, e entendendo as dificuldades como forma de valorização da conquista iminente, o viajante passa a caminhar em terreno pantanoso ou lamacento, onde a dificuldade de caminhar é crescente, até chegar ao ponto de estar com lama pela cintura, impossibilitado de dar mais um passo que seja, cansado, ferido e imobilizado. Conscientiza-se, finalmente, de que sua decisão em mudar de rumo pode ter sido equivocada, percebendo a coerência da estrada asfaltada, lisa e reta deixada para trás. Nesse momento, não basta o simples desejo de retornar ao ponto inicial do desvio para que isso ocorra. Será necessária uma nova mudança de direção, uma retomada do caminho trilhado rumo à estrada asfaltada. Como o caminho já ficou conhecido durante a ida, pode trilhá-lo mais facilmente na volta. Ainda assim, é necessário trilhá-lo.

Essa analogia procura demonstrar o nível de *responsabilidade individual* que todos temos pelas consequências de nossos atos e decisões ao longo de nossas vidas passadas, principalmente os que nos afastam do caminho reto. Como efeito dessa responsabilidade, temos a ocorrência do fenômeno do sofrimento.

Portanto, não podemos atribuir nossas dificuldades ou sofrimentos à vida ou a Deus. Somos os construtores de nossa existência. Na questão 964 de *O Livro dos Espíritos*, fica muito clara essa posição, quando os espíritos falam sobre a existência de uma lei que regula a vida do homem, e que os sofrimentos identificados na existência não são decorrência de um julgamento imposto por Deus, que assistiria, a todo momento, nossos atos e pensamentos mais íntimos. A dinâmica que rege a vida, o homem e o Universo segue uma ordem própria e definida. A transgressão dessa ordem pelos excessos, pelos desvios ou pelas distorções de finalidade é que leva ao desequilíbrio interno do ser. Esse desequilíbrio, registrado nas camadas mais íntimas do psiquismo do indivíduo, cedo ou tarde tende a emergir à consciência durante uma existência com o objetivo único de promover o reequilíbrio. O sofrimento é, então, um sinalizador de que algo no interior do indivíduo precisa ser modificado. Algo na sua estrutura mais íntima está em desacordo com sua proposta existencial mais sublime.

Costumo dizer, em minhas palestras, que, teoricamente, somos capazes de entender todo esse processo e movimento do ser espiritual. Intelectualmente, somos capazes de refletir e relacionar vários aspectos desse mecanismo. A questão é a dificuldade em identificar nossos desequilíbrios; é poder analisar, de modo ponderado, o nosso sofrimento e, daí, tirar nossas conclusões sobre o que precisa ser modificado. O primeiro passo é entender o processo do sofrimento; o segundo passo, a compreensão das razões que nos levaram a esse caminho, a fim de podermos superá-lo ou suportá-lo.

VISÃO EVOLUCIONISTA E REENCARNACIONISTA

Há latente, em cada um de nós, uma busca permanente pela natureza espiritual.

Para podermos entender com mais detalhes esse processo, precisamos definir os pressupostos que estamos usando. Um dos aspectos que deve ser abordado é a base antropológica que utilizamos, isto é, a visão de homem da qual partem a Doutrina Espírita e as abordagens científicas mais modernas, como a psicologia transpessoal.

A Doutrina Espírita, em particular, parte de uma compreensão do homem como ser espiritual, que tem sua origem desconhecida, mas na condição de simplicidade e ignorância quanto à realidade e complexidade de si mesmo e do mundo. Portanto, a visão espírita é *evolucionista*, diferentemente das denominações cristãs e evangélicas, que são *criacionistas*, ou seja, acreditam que o homem tenha sido criado perfeito e depois caído diante das tentações e do pecado. Essa queda teria determinado os motivos do sofrimento, podendo ser usada para justificá-los. Como já vimos, a visão evolucionista do ser humano o investe de responsabilidade pela sua trajetória existencial.

Para nosso estudo, importa considerar que, nessa trajetória evolucionista, a origem simples e ignorante do homem coloca-o em uma condição mais próxima e mais íntima de sua natureza material. Como nos diz Léon Denis: "[...] A história da alma não difere da história da humanidade; só a escala difere: a escala das proporções.[3] Podemos deduzir que, na origem dos tempos, o ser humano esteve muito mais preocupado com suas necessidades e solicitações da dimensão material do seu ser.

A prevalência da *natureza material* sobre a *natureza espiritual* constituiu-se fonte de recursos para manutenção

---

[3] Léon Denis. *O Problema do Ser, do Destino e da Dor*, 1987, p. 122.

da sobrevivência diante de várias adversidades. Assim, a preocupação com as necessidades básicas de alimento, proteção, saúde, perpetuação da espécie etc. o predispõe à valorização dos aspectos mais relacionados, dependentes ou consequentes dessa dimensão material, ou seja, a ênfase passa a ser no campo das sensações físicas, das paixões, dos instintos e de todos os comportamentos que levam a maior vivência de prazer desses níveis experienciais do ser humano.

Entretanto, latente em sua organização espiritual e psíquica mais íntima, existe uma busca permanente pela sua *natureza espiritual*. Dentro da Codificação da Doutrina Espírita, esse mecanismo se consolida pela chamada Lei do Progresso, descrita na Terceira Parte de *O Livro dos Espíritos*. A busca dessa essência espiritual direciona o ser à conquista de sentimentos nobres, intuição, superconsciência, equilíbrio da razão a serviço do ser espiritual e todas as noções que nossa capacidade de entendimento possa vislumbrar como ideais superiores da humanidade. Nosso caminho, nossa estrada asfaltada aponta para essa direção; muitas placas de sinalização são colocadas nas margens para nos indicar distância e direção, mas a decisão sobre qual rumo tomar é sempre nossa.

Além da visão evolucionista, um aspecto que faz a diferença no entendimento do sofrimento pela óptica espírita é a *reencarnação*. Somente a possibilidade de voltar a nascer pode dar consistência à lógica evolucionista, visto que apenas uma existência encarnado seria insuficiente para se atingir os valores superiores que podemos atribuir à natureza espiritual final do homem. Essa natureza só poderia ser alcançada através de uma sucessão de oportunidades em que o ser pudesse desenvolver, solidamente, cada uma das virtudes, dos sentimentos sublimes, ou a consciência plena de sua natureza, sua realidade, sua integração e papel no Universo.

É também a lógica da *reencarnação* que dá condições de entendimento ao fenômeno do sofrimento. A visão de sofrimento que essa pedagogia propõe só pode ser educativa ou reeducativa dentro da possibilidade de continuidade da vida de alguma unidade essencial do ser humano que sobreviva à morte e retorne à mesma dimensão material, com novas perspectivas de avanço incessante no caminho da evolução. Além disso, seria muito mais difícil o processo evolutivo do homem se ele permanecesse fixado em determinada existência como encarnado, já que estaria aprisionado a uma mesma personalidade, cultura e condição social.

O mecanismo reencarnatório oferece a oportunidade de o homem, através dos próprios esforços em diferentes situações, avançar conforme sua vontade e suas limitações. O sofrimento poderia ser considerado mecanismo sublime nesse processo de democratização da evolução, à medida que reaproxima o homem, que se desviou, de sua essência ou o empurra às conquistas superiores da vida.

O PERISPÍRITO

Como consequência natural do processo evolucionista do ser humano, e da lógica da reencarnação, que sustenta esse objetivo de aperfeiçoamento, temos a definição necessária de uma composição do ser que dê conta desse mecanismo. Portanto, outro aspecto de fundamental importância na compreensão do sofrimento que a Doutrina Espírita oferece está na nova visão de homem que propõe. Ao longo das obras da Codificação, os espíritos trazem uma ampliação da estruturação do homem, além da constituição física predominante no modelo científico vigente ou na visão eminentemente espiritual do ser, proposta pelas religiões ocidentais tradicionais. Tanto na Parte Primeira de *O Livro dos Espíritos*, que trata "Das Causas Primárias", quanto na Parte Segunda, que trata "Do Mundo Espírita ou Mundo dos Espíritos", Kardec lança as bases dos ensinamentos dos espíritos para um novo modelo de homem constituído da parte material, através do corpo físico, orgânico; da parte espiritual, princípio inteligente que se manifesta através do corpo físico; e de uma dimensão intermediária, denominada *perispírito*, que faz a mediação entre o corpo físico e o espírito.

A introdução dessa nova estrutura intermediária é de fundamental importância no entendimento do funcionamento da vida e, principalmente, para o nosso estudo sobre o sofrimento. Com essa nova composição, a morte do corpo físico representa apenas a perda de uma das formas de expressão do ser. O perispírito permite a manutenção da individualidade do espírito além da realidade objetiva material, não se perdendo as informações e registros resultantes dos atos do ser humano, seja nas experiências enquanto está encarnado, seja como desencarnado. Além disso, o perispírito seria identificado pelos espíritos como responsável por inúmeras funções fundamentais do homem, por exemplo, o pensamento, a memória e as características físicas, entre outras.[4]

O perispírito seria, então, a estrutura que, sobrevivendo ao corpo físico de uma existência, leva os registros, positivos e/ou negativos, sintetizados pelo ser naquele período. Os registros positivos, por representarem conquistas definitivas do espírito, concorrem para as qualidades e boas tendências, enquanto os registros negativos influem no funcionamento do ser integral, exigindo sua atualização em outra existência física. Essa atualização, muitas vezes, só é obtida por meio da experiência do sofrimento.

CONVERGÊNCIA DE CONCEITOS COM A PSICOLOGIA TRANSPESSOAL

As contribuições do Espiritismo por meio dessa nova composição do ser humano, introduzindo o conceito de perispírito, anteciparam-se às conquistas das mais recentes pesquisas na área do psiquismo levadas a termo pela psicologia transpessoal. A partir da década

---

[4] Para um estudo mais aprofundado sobre o tema *Perispírito*, recomendamos a obra *Perispírito*, de Zalmino Zimmermann, relacionada na Bibliografia ao final deste livro.

de 1960, vários pesquisadores começaram a estudar os fenômenos envolvendo a consciência humana, estabelecendo assim novas propostas de cartografia do psiquismo[5] bastante compatíveis com o modelo que vimos tratando até aqui.

Em todas essas propostas de cartografia, a consciência humana é tratada como um espectro de vários níveis em que a percepção da realidade e da própria identidade é diferenciada. O nível básico é a *consciência de vigília*, ou seja, esse nível de consciência associado aos sentidos básicos do homem (tato, visão, olfato etc.). Nesse nível, a realidade objetiva material é percebida e enfatizada, como também são identificadas as funções do ego do indivíduo.

A partir desse nível, existem diversos níveis de consciência nos quais outras possibilidades de realidade podem ser percebidas e registradas. Podemos comparar essa percepção com as diversas formas de se "ver" o corpo físico. As ondas da visão humana são capazes de perceber o aspecto externo do corpo. Se utilizarmos os raios-X, no entanto, teremos o registro de uma outra realidade daquele corpo. E, ao aplicarmos o ultrassom, teremos nova percepção do corpo e seus órgãos, bem como na aplicação da ressonância magnética. Ou seja, mesmo que aplicássemos todas as formas de "ver" ao mesmo tempo, cada uma registraria uma "realidade" diferente do mesmo objeto. Os níveis de consciência funcionam de maneira semelhante. Em cada nível temos a consciência de uma realidade diferente do mundo, da nossa história individual, da história da espécie humana, do mundo

---

[5] Marcia Tabone. *A Psicologia Transpessoal*. São Paulo: Cultrix, 1992.

espiritual. Não nos aprofundaremos no entendimento desse complexo mecanismo do psiquismo, pois escapa ao nosso objetivo; apresentaremos apenas alguns comentários, a título de exemplo. Em um desses níveis de consciência, o indivíduo pode perceber a realidade do plano extrafísico ou espiritual. É o que acontece com o fenômeno da vidência, em que a pessoa é capaz de perceber a realidade objetiva da consciência de vigília ao mesmo tempo que fragmentos da realidade do mundo espiritual.

Em outro nível de consciência, o indivíduo é capaz de uma percepção envolvendo experiências que transcendem sua história biográfica da existência atual, da atual personalidade. Esse nível passa a ter importância destacada em nosso estudo, pois resume as experiências ancestrais, de encarnações passadas, coletivas, raciais e arquetípicas (conforme estudadas e definidas por Jung em sua obra).

As novas propostas de cartografia do psiquismo sugerem que todas as pessoas possuem essas estruturas psíquicas e são capazes de perceber essas dimensões mais sutis, que podemos chamar de espirituais, quando levadas a experimentar *estados ampliados de consciência* (EAC). Os pesquisadores chegaram à conclusão de que a consciência humana é um *continnum* em que todos os níveis interagem permanentemente, interpenetrando-se.

Outra conclusão significativa desses estudos é a de que a função da memória no psiquismo não é um epifenômeno da matéria, mas uma condição básica da existência humana,[6] ou seja, a memória não depende

---

[6] Stanislav Grof. *Além do Cérebro*, 1987; *Psicologia do Futuro*, 2000.

da estruturação física do cérebro. Em muitas dessas experiências, os indivíduos em estados ampliados de consciência recordavam-se de experiências vividas por eles em que se percebiam como tendo outro corpo, às vezes em outro sexo, em contextos culturais e sociais diferentes dos da vida atual, mas continuavam percebendo a própria individualidade. Reconheciam-se como sendo eles mesmos, mas em uma encarnação anterior.

A verificação dessas experiências é a confirmação da hipótese da reencarnação, mas, estranhamente, nem mesmo a psicologia transpessoal a admite plenamente como pressuposto básico, sendo ela tratada como uma possibilidade interessante que se desdobra das experiências transpessoais.[7] Ao nosso ver, entretanto, a consideração da reencarnação leva necessariamente a uma reformulação completa dos principais pilares do conhecimento humano. Talvez esteja aí a maior fonte de resistência da ciência tradicional em considerar a reencarnação em sua base antropológica. De qualquer maneira, já temos um significativo avanço em estudos feitos por nomes como Stanislav Grof, Ken Wilber e Roberto Assagioli, entre inúmeros outros, que passam a considerar as dimensões espirituais do ser humano como passíveis de observação e pesquisa científica, além de demonstrar como a interação entre os diversos níveis de consciência do homem o ajuda a melhor compreender sua verdadeira natureza. O sofrimento passa a ser considerado uma disfunção ou um desequilíbrio em algum desses níveis de consciência, que, por ressonância, pode

---
[7] Stanislav Grof. *O Jogo Cósmico – Explorações das Fronteiras da Consciência Humana*. São Paulo: Atheneu, 1998.

se manifestar nas mais diversas formas de doenças físicas ou psicológicas.

Metodologia que vem crescendo atualmente, a terapia de vida passada (TVP) consegue integrar as propostas espíritas com as da psicologia transpessoal para a compreensão do homem e do fenômeno do sofrimento. Isso porque considera, convergindo com o Espiritismo: a reencarnação; o sofrimento como tendo suas causas em experiências anteriores à existência atual; o homem como um ser em evolução constante; que cada personalidade atual representa uma manifestação da individualidade espiritual; e que as funções do pensamento, da memória e dos sentimentos transcendem a dimensão física aparente, sendo atributos fundamentais do espírito.

Pelo lado da psicologia transpessoal, a TVP considera a dimensão espiritual na dinâmica do psiquismo; a memória como sendo extracerebral, isto é, não dependente exclusivamente de funções neuronais; e baseia sua atuação terapêutica em um nível específico do psiquismo no qual estão registradas as experiências do indivíduo ao longo de sua jornada evolutiva, procurando a elaboração e integração harmônica dos conteúdos que sejam negativos ao funcionamento do conjunto psíquico ou espírito.

Já dentro do movimento espírita, não podemos deixar de destacar a contribuição de nomes como os do dr. Jorge Andréa, do professor Hermínio Miranda e do dr. Hernani Guimarães Andrade nas diversas pesquisas que vêm empreendendo sobre os fenômenos da reencarnação, a atuação e função do perispírito, o psiquismo de profundidade a partir da consideração da dimensão espiritual e a compreensão do sofrimento nesse contexto. Infelizmente, observamos que esses autores acabam sendo lidos apenas no meio espírita, em função da grande resistência que os meios acadêmicos têm em considerar os fenômenos que envolvem a dimensão espiritual e mediúnica.

A questão que se coloca nesse ponto é: como as experiências negativas vividas anteriormente pelos indivíduos ficam registradas nas dimensões espirituais, acabando por determinar processos de sofrimento na existência atual, desde os mais simples aos mais complexos? Se o sofrimento representa a emersão desses conteúdos para reequilíbrio, o que determina sua cristalização e, em consequência, sua superação?

Para isso precisamos avançar um pouco mais no entendimento do funcionamento do psiquismo com os pressupostos considerados até aqui.

CAPÍTULO 5

ENTENDENDO A PEDAGOGIA DO SOFRIMENTO – MODELO BÁSICO DO PSIQUISMO

Com base em descrições sobre o funcionamento e a estrutura do psiquismo, provenientes das contribuições da psicologia transpessoal e dos postulados espíritas, vamos traçar um esboço do psiquismo humano.[1] É claro que nossa proposta é apresentar um esquema simplificado, que permita ao leitor a compreensão de como o processo do sofrimento parece se "transmitir" a outras experiências do indivíduo, bem como do que ele encerra de pedagógico.

Imaginemos então que o psiquismo humano pudesse ser esquematizado como na figura a seguir.

---
[1] Nosso modelo esquemático parte de contribuições de diversas fontes, como as cartografias de Grof, o modelo de psiquismo do dr. Jorge Andréa e a terapia de vida passada.

Cada "ser" dessa figura representa um nível de consciência do indivíduo, ou seja, em cada nível existem percepções diferenciadas da realidade e de si mesmo. Apesar dessas diferenças, os limites entre esses níveis são esquemáticos, não existindo de fato.

Cada "ser" dessa figura representa um nível de consciência do indivíduo, ou seja, em cada nível existem percepções diferenciadas da realidade e de si mesmo. Apesar dessas diferenças, os limites entre esses níveis são esquemáticos, não existindo de fato. Como estão interligados, todos os níveis se comunicam, mesmo que um nível não tenha consciência da dinâmica que ocorre em níveis superiores.

Temos, portanto, na parte inferior da figura, a representação do nível básico de consciência. Nele podemos identificar o corpo físico, suas características básicas nos cinco sentidos e as funções do ego. Digamos que esse seja o nível que percebe a realidade objetiva tal qual os sentidos a apreendem, em que avaliamos os objetos e interagimos com o meio circundante. Seria a parte mais densa do ser, aquela que se manifesta através da matéria e, por isso, sua orientação está totalmente voltada para o atendimento das necessidades dessa ordem. Na psicologia transpessoal, esse nível de consciência é chamado, por alguns autores,[2] de *hilotrópico*, isto é, uma consciência voltada para a matéria. Por ser a dimensão mais densa, ela recebe todas as informações do meio, processa-as e sintetiza-as para as dimensões mais sutis. Essas camadas mais sutis reagem a partir de suas dinâmicas próprias refletindo no corpo físico ou na dimensão do ego, por ressonância, sua influência.

Mais acima, na figura, teríamos uma zona intermediária que representa o perispírito. Este, por meio de suas características peculiares, ligaria energeticamente

---

[2] Stanislav Grof e Hal Z. Bennett. *A Mente Holotrópica*. Rio de Janeiro: Rocco, 1994.

duas dimensões bem distintas: a dimensão material e a dimensão espiritual do ser. Segundo explicações dos espíritos (*O Livro do Espíritos*, questões 93 e 94), o perispírito teria sua formação e estrutura característica para cada mundo em que estivéssemos passando ciclos existenciais, permitindo assim a perfeita adaptação entre o ser espiritual e sua constituição física efêmera.

Um aspecto importante, que precisa ser ressaltado aqui, é o que trata das múltiplas funções comumente atribuídas ao perispírito. Zimmermann, em sua obra já citada, *Perispírito*, destaca as principais funções do perispírito como sendo marcadas por características de natureza instrumental, individualizadora, organizadora e sustentadora. A natureza instrumental diz respeito à utilização do perispírito, pela alma, como meio e veículo de sua manifestação física. A natureza individualizadora será a que mais nos interessará neste estudo, pois revela as características que garantem a identidade única do espírito.

A natureza individualizadora constitui-se de aspectos relativos ao processo da memória, do pensamento e do caráter, estruturas psicológicas mais complexas que expressariam a configuração de valores e crenças do indivíduo, concretizados ao longo de várias experiências, quer como encarnado, quer como desencarnado. Essa função individualizadora garante a manifestação, mesmo que parcial, em cada encarnação, de características positivas e/ou negativas que o indivíduo trará para a personalidade atual visando ao processo de evolução.

Temos, na parte inferior da figura, a representação do nível básico de consciência. Nele podemos identificar o corpo físico, suas características básicas nos cinco sentidos e as funções do ego. Mais acima, teríamos uma zona intermediária, que representa o perispírito. O próximo nível é mais sutil e sua estruturação, mais complexa. Poderemos chamá-lo de inconsciente transpessoal ou do passado. Nessa zona do psiquismo estariam registrados todos os eventos do ser espiritual ao longo de sua jornada evolutiva.

A natureza organizadora[3] representa o mecanismo modelador com que o espírito irá "trazer" ao corpo físico reflexos ou ressonâncias dos conteúdos de desequilíbrio, ou recursos para as experiências necessárias ao progresso do espírito. Essa função nos interessará especialmente no campo das patologias orgânicas, que refletem desequilíbrios do passado por meio de marcas trazidas no perispírito.

Finalmente, a função sustentadora[4] garante a manutenção da vida do ser encarnado. Essa função seria responsável por todos os processos fisiológicos com reflexos energéticos e vice-versa, que garantem a manutenção da força vital enquanto os laços do espírito se ligam ao corpo físico.

Ao avaliarmos os ensinamentos dos espíritos sobre o perispírito, verificamos que esse conceito, cujo nome é sugerido por Kardec na questão 93 de *O Livro dos Espíritos*, representa uma síntese muito apropriada para o momento histórico em que o Codificador organizava as bases filosóficas do Espiritismo. Podemos inferir que o conceito de perispírito, como Zimmermann o apresenta, reúne uma gama de funções, e que provavelmente a ciência, com o desenvolvimento das pesquisas que consideram a estrutura do ser humano ampliada para os níveis espirituais, encontrará um natural desdobramento do perispírito em subsistemas, cada um com sua finalidade e dinâmica próprias. Essa possibilidade não prejudica em nada as afirmações dos

---

[3] A função descrita como organizadora é detalhadamente desenvolvida pelo dr. Hernani Guimarães Andrade no Modelo Organizador Biológico (MOB), por ele assim denominado, e que pode ser encontrado na Bibliografia ao final deste livro.

[4] A função sustentadora é abordada em mais detalhes pelo dr. Jorge Andréa em sua obra *Correlações Espírito Matéria*, citada na Bibliografia ao final do livro.

espíritos; pelo contrário, só vem reafirmar a vanguarda do pensamento espírita em relação à compreensão do homem.

Parece que a psicologia transpessoal e a própria terapia de vida passada começam a avançar nesse sentido. Mesmo que ainda de forma acanhada, mas segura, essas abordagens consideram a existência de estruturas psíquicas específicas que controlam o funcionamento das funções de memória, pensamento, valores, crenças, atitudes, sentimentos, da "herança" psicológica através das vidas sucessivas etc. Em nosso esquema de psiquismo, vamos utilizar o termo *perispírito* para designar as funções organizadora e sustentadora, procurando caracterizar as funções individualizadoras por meio das demais estruturas ou níveis de consciência apresentados a seguir.

Entre a zona do perispírito e o corpo físico, podemos identificar uma outra, que chamaremos de inconsciente psicodinâmico ou atual. Essa estrutura psicológica seria constituída com base em experiências registradas pelo indivíduo, na existência atual, na relação com o meio que o cerca desde o início do processo reencarnatório. Seus conteúdos ficam registrados mais profundamente que os da consciência de vigília, mais superficial e relacionados ao ego e ao corpo físico. Quando desarmonizados, esses conteúdos podem ser responsáveis pelo desenvolvimento de neuroses ou outras psicopatologias mais graves, em função da desorganização que provocam nos campos do sentimento, pensamento e comportamento. É chamado de psicodinâmico, pois se enquadra nas observações e conclusões da psicanálise freudiana em relação ao entendimento da dinâmica psíquica.

O próximo nível é mais sutil, e a estruturação, mais complexa. Poderemos chamá-lo de perispírito, inconsciente transpessoal ou do passado. Nessa zona do psiquismo estariam registrados todos os eventos do ser espiritual ao longo de sua jornada evolutiva. Ela representaria o arquivo no qual o espírito guarda todas as suas experiências, todas as respostas, escolhas, decisões, situações traumáticas ou prazerosas, afetos e desafetos; enfim, tudo já vivido pelo ser espiritual estaria disponível nesse nível.

Por fim, o nível mais elevado na estrutura do psiquismo seria o Espírito, nível de consciência que representa o dínamo da vida, a fonte de toda a sabedoria íntima. Muitos autores transpessoais[5] identificam esse nível pela expressão *consciência cósmica*, ou seja, um nível no qual temos a percepção de nossa ligação com Deus, com as forças sublimes da natureza e do Universo. Essa dimensão pode ser identificada em várias tradições filosóficas e religiosas como o Deus em Nós, o Eu Sou, a Centelha Divina, o Self etc.

Durante muito tempo temos dado excessiva importância ao corpo físico, às suas funções e necessidades, mas parece que essa dimensão é a mais empobrecida do ser, a mais densa e sujeita a ilusões entre todos os níveis do espectro consciencial do homem. O homem encontra-se tão ofuscado pelas impressões da matéria e dos seus níveis mais densos que não consegue com facilidade acessar esse nível mais elevado de

---

[5] Pierre Weill. *A Consciência Cósmica*. Petrópolis (RJ): Vozes, 1999; Vera Saldanha. *A Psicoterapia Transpessoal*. Rio de Janeiro: Record, 1999.

consciência. Essa condição, apesar de atuar permanentemente, representa a última escala de evolução do espírito, sua condição de espírito puro.

É nessa dimensão do espírito que estão as bases do funcionamento de toda a vida. Pelo contato com a "causa primária de todas as coisas", essa é a parte mais essencial, mais sublime do ser. Na questão 621 de O Livro dos Espíritos, Allan Kardec pergunta aos espíritos onde está escrita a Lei de Deus ou a Lei Natural, ao que os espíritos respondem simplesmente: "Na consciência". É nesse nível – que chamamos simplesmente de Espírito – que residem todas as informações da Lei Natural.

Isso significa que todos nós temos no íntimo todo o código moral necessário para nossa vida. Sabemos exatamente o que é certo ou não, o que é bom ou não tão bom assim, o que é adequado e o que representa excesso. Nesse nível, temos plena consciência de nossa tarefa, de nossa destinação e dos meios mais adequados que devemos utilizar para tal fim. Entretanto, essa consciência espiritual plena fica nublada pelas exigências do ego dominador, que não a percebe, obscurecendo os propósitos sublimes e fazendo o ser se perder em meio a uma interminável sequência de comportamentos superficiais e efêmeros que, por não considerarem a realidade espiritual do homem, distanciam-no de seus objetivos primeiros, cristalizando desequilíbrios que só serão harmonizados à custa de muito esforço.

Anteriormente, referimo-nos a uma ilusão de fragmentação entre as dimensões principais do espírito e às manifestações mais superficiais desse espírito no conceito de ego. É essa fragmentação que tem nos levado a um rosário de perturbações e desenganos.

REENCARNAÇÃO E A DINÂMICA DE TRANSMISSÃO DE CARACTERÍSTICAS

Durante as existências físicas, o indivíduo interage com o meio em que está inserido: seu meio ambiente, o meio social, o meio familiar etc. Na maioria das vezes, não nos damos conta de nossa complexa realidade psíquica e espiritual. Agimos quase sempre movidos pelos interesses mais superficiais da matéria e do ego. Isso não isenta o indivíduo da influência de toda a sua "herança" trazida dos registros de suas experiências do passado, que está gravada nas zonas mais sutis de sua estrutura psíquica. Como foi explicado antes, os níveis de consciência atuam uns sobre os outros, de tal forma que nossos atos exteriores podem refletir as tendências boas ou más que trazemos de níveis mais profundos do psiquismo.

As vivências, enquanto se está encarnado, concorrem para uma nova série de experiências em que o indivíduo é levado a agir ou reagir aos estímulos do meio. Portanto, cada experiência trará uma série de registros de memória que poderão ser utilizados pelo indivíduo em outras situações similares, nas quais ele tende a repetir ou a evitar os comportamentos anteriores, conforme sejam identificados como geradores de prazer ou desprazer. As situações familiares, sociais, profissionais, entre outras, vão possuir características específicas para o aprendizado do espírito.

Diante do inevitável fenômeno da morte do corpo físico, teremos o desprendimento dos laços que unem o corpo ao perispírito, garantindo assim a função sustentadora que o perispírito possui, ao se extinguir a vida do corpo físico. Porém, com a morte do corpo físico, a vida não termina; somente modifica-se o nível de manifestação do ser espiritual, que agora não pode mais utilizar-se daquele corpo.

Conforme podemos visualizar na figura seguinte, a perda do corpo físico promove uma espécie de síntese das experiências vividas durante aquele período. A estrutura do perispírito permanece atuante e promove a transmissão dessa síntese aos níveis espirituais. Os acontecimentos ou eventos que foram traumáticos ou causaram algum tipo de desestrutura tendem a marcar o perispírito. Costumamos comparar essas marcas a tumores psíquicos, que ficam retidos na estrutura perispiritual, contendo neles cristalizados sentimentos, sensações físicas, pensamentos, decisões, registros das circunstâncias em que ocorreram etc.

O pesquisador Stanislav Grof identificou esse mesmo tipo de estrutura que se fixa no psiquismo de profundidade, mesmo sem considerar a existência do perispírito. Chamou-o de Sistema COEX ou Sistema de Experiência Condensada (a sigla "COEX" vem da expressão em inglês). Em sua observação de experiências transpessoais, Grof identificou a emersão desses conteúdos por meio da rememoração e vivência de inúmeras situações significativas na história do indivíduo.

Ao passar pela experiência da morte, todos esses registros permanecem – se não foram elaborados ou neutralizados durante aquela existência – fixados na estrutura psíquica. Farão parte, a partir de então, de uma "nova camada" do inconsciente transpessoal ou do passado. Essa última existência passará a compor o conjunto de experiências anteriores ao longo da trajetória do ser espiritual, com todas as suas características positivas e negativas, isto é, de todas as conquistas de valores e virtudes, bem como de todos os desvios, excessos ou hábitos negativos ainda mantidos.

Segundo informações dos espíritos, durante esse período de erraticidade, o espírito desencarnado poderá, conforme os recursos e as condições de consciência que possua, compreender melhor sua situação. Isso parece estar relacionado à ausência preponderante da matéria e, em consequência, a maior percepção dos níveis de consciência mais sutis do espírito.

Seja por um processo autônomo de escolha pessoal ou por um simples mecanismo automático de emersão dos conteúdos que exigem urgência de reequilíbrio, o ser se aproxima de uma nova experiência em um novo corpo físico. A ligação do perispírito, intermediando toda a estrutura espiritual com o novo corpo físico, se dá no momento da concepção, quando o perispírito traz para as zonas mais densas da matéria um subconjunto de características do espírito. Conforme a natureza das marcas e características que traga para a nova existência, o perispírito atua com sua função organizadora, promovendo o desenvolvimento tanto do corpo físico quanto das características de personalidade que vão definir o tipo de experiência pelo qual o espírito está predisposto a passar.

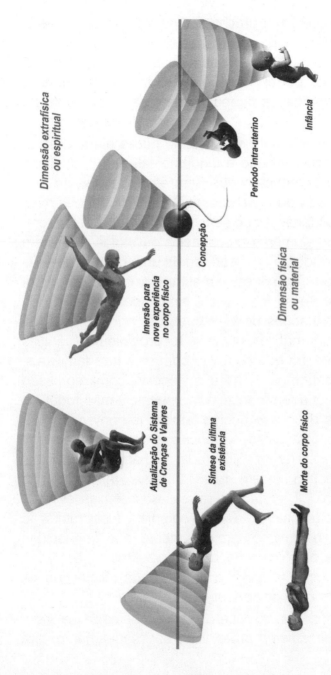

O esquecimento do passado nessa etapa do processo reencarnatório é fundamental para o equilíbrio do espírito reencarnante. Sem esse mecanismo protetor, o indivíduo não conseguiria estruturar sua nova personalidade.

Como esse é um processo dinâmico, muitas dessas ocorrências dependerão decisivamente da conduta do indivíduo durante a sua existência, podendo desencadear, por exemplo, o aparecimento de doenças ou oportunidades de realização e de crescimento do espírito.

O esquecimento do passado nessa etapa do processo reencarnatório é fundamental para o equilíbrio do espírito reencarnante. Sem esse mecanismo protetor, o indivíduo não conseguiria estruturar sua nova personalidade, já que seria bombardeado pela recordação de inúmeras experiências passadas. Imaginem a dificuldade de um bebê, ou de uma criança de seus quatro ou cinco anos, em estruturar sua nova personalidade se se lembrasse, simultaneamente, de diversas situações de vida passada, por exemplo, de mortes traumáticas, ou se se recordasse de vivências anteriores em que conviveu com os atuais familiares. Como sabemos, e as experiências com regressão de memória têm confirmado, muitas, senão todas as pessoas do nosso núcleo familiar já conviveram conosco em transatas existências, e nem sempre essas experiências foram equilibradas ou harmônicas. Muitas delas resultaram em dores, traumas, morte e muito sofrimento. A lembrança dessas ocorrências levaria o indivíduo reencarnante a uma completa desestruturação do seu psiquismo, provavelmente aos conhecidos quadros psicóticos da psiquiatria. Mesmo as recordações boas levariam a uma grande dificuldade na interação com os personagens de hoje.

A importância do papel do esquecimento do passado, como mecanismo protetor ao ser reencarnante, tem sido utilizada, equivocadamente, em nosso ponto de vista, como argumento contra a utilização dos métodos de regressão de memória visando ao tratamento de patologias que acometem o ser humano.

Em cada nova existência, o espírito traz um novo conjunto de características que irão formar uma nova personalidade, podendo, inclusive, ter características completamente diversas das da última reencarnação: sexo, tipo físico e psicológico. Em sua obra *As Sete Vidas de Fénelon*, Hermínio Miranda aborda esse interessante tema das diferentes características das personalidades ao longo do processo reencarnatório de uma mesma individualidade.

Portanto, conforme vai passando por inúmeras experiências reencarnatórias, o espírito vai aperfeiçoando sua estrutura de valores, aspirações e ideais. O processo reencarnatório possibilita a vivência de diferentes situações sociais, físicas e profissionais que desenvolvem os potenciais do indivíduo, aprimoram suas qualidades e ajustam os desequilíbrios que ainda comprometem e retardam o processo de ascensão do espírito. Os ajustes necessários são vivenciados como experiências de dor e sofrimento.

Já entendemos, então, que os desequilíbrios e os excessos do passado deixam marcas no psiquismo que acabam retornando em uma nova personalidade – uma nova reencarnação –, como forma de drenar suas deformações, trazendo equilíbrio ao espírito. Pudemos perceber que o mecanismo que rege esse processo é orientado pelas próprias forças íntimas do ser espiritual em sua busca pelo progresso incessante. Entendemos também que a estrutura da consciência em níveis dá sentido à lógica da reencarnação e, principalmente, ao processo de reequilíbrio que o sofrimento traduz.

Algumas questões surgem neste ponto de nosso estudo, decorrentes das reflexões desenvolvidas até aqui.

Se todo o sofrimento é um processo de educação e reequilíbrio, por que muitas vezes o indivíduo arrasta para outras vidas os mesmos desequilíbrios?

Qual é a lição que, de fato, o sofrimento oferece?

Como saber se estamos "aprendendo" a lição que o sofrimento está nos apresentando?

Quanto tempo será necessário para que o "aprendizado" se efetive?

Quais são os verdadeiros fatores do ser que interferem na manutenção ou superação das situações consideradas sofridas ou dolorosas?

A "HERANÇA" DO PASSADO E O SOFRIMENTO ATUAL

No entendimento da Pedagogia do Sofrimento, observamos que não basta viver a experiência dolorosa, resultante dos registros do passado, para se "esgotar" seus efeitos. A transmissão, de certa maneira mecânica, dos caracteres do passado marcados no perispírito para o corpo físico resulta da função organizadora que regula as relações entre a fisiologia humana e o funcionamento da estrutura energética dos níveis espirituais do ser humano. Entretanto, se não houver uma mudança na estrutura de valores, crenças e atitudes do indivíduo, não haverá reversão do sofrimento. É por esse motivo que muitas pessoas podem manter o desequilíbrio do sofrimento, levando-o a outras existências, em virtude de não terem conseguido se conscientizar nem modificar suas verdadeiras causas íntimas.

Podemos concluir que, enquanto o indivíduo não atuar na modificação de certos aspectos de sua estrutura psíquica, não modificará a experiência da dor. Buscaremos identificar os fatores psicológicos que oferecem a singularidade do indivíduo, sua identidade, e que parecem ser responsáveis pela manutenção das experiências de sofrimento. A opção por esse tipo de abordagem do sofrimento resulta de nossa experiência pessoal com a regressão de memória.

A observação de clientes em processo terapêutico utilizando a terapia de vida passada nos tem sugerido que existem características pessoais que vêm acompanhando o indivíduo ao longo de suas vidas sucessivas e provocando, assim, o surgimento do sofrimento. Estamos falando da estrutura de caráter do indivíduo. Chamamos de caráter o conjunto de características que definem a individualidade, ou seja, a forma como o indivíduo atua na vida. Em cada personalidade, o indivíduo traz traços desse caráter, que definem como ele reage, como se sente, no que acredita, o que valoriza, como responde às situações e a forma de ver o mundo e de avaliar seus objetivos existenciais. Como essas estratégias trouxeram algum tipo de benefício ou prazer em situações do passado, de modo inconsciente, ele tenta reproduzir a satisfação obtida anteriormente. É a manutenção desses traços de caráter que parece ser um dos principais fatores no surgimento e na manutenção do sofrimento.

Vamos aproveitar os esquemas gráficos que utilizamos até aqui a fim de apresentar a cartografia do psiquismo e o processo da reencarnação, para acrescentar o desenvolvimento do processo do sofrimento.

Imaginemos um indivíduo que tivesse vivido na Idade Média como um comandante de um grupo de soldados fiéis a um monarca de um importante feudo da época. Vamos imaginar os esforços que esse homem teve que fazer para conseguir chegar ao seu posto – as disputas que empreendeu, as demonstrações de coragem e lealdade, e de superação de limites, para merecer tal honraria. Sabemos que, naquela época, esse tipo de oportunidade oferecia grandes privilégios, sendo alvo da cobiça dos homens, muitas vezes dispostos a lançar mão de qualquer artifício para alcançá-la. Valorizado socialmente, esse posto exige determinação, força, dureza, autoridade, inteligência, entre outras características.

Continuemos imaginando que nosso personagem desenvolve uma série de estratégias para poder lidar com esse meio social e cultural em que se encontra. Usa a *força*, e até a *violência*, para manter sua *autoridade*, que é *indiscutível*. Quando enfrenta oposição ou ameaça aos seus interesses, não mede as consequências de seus atos, *oprimindo* pela força e até matando, se necessário. Para manter a coesão de seus homens, *não pode admitir insubordinações*, executando castigos exemplares para manter a autoridade da qual está investido. A situação de admiração e inveja que os outros sentem de seus dons para o exercício de sua profissão lhe garantem muita *satisfação*. A *projeção social* que sua atuação à frente de seus homens lhe proporciona, e a confiança do monarca, são objeto de intenso *orgulho* e *prazer*. O *poder* que detém faz com que algumas vezes use de sua condição para obter *vantagens* financeiras, sociais ou até mesmo sexuais. Suas principais expressões são: "Tudo está sob meu comando, não posso ser desobedecido", "Tudo o que quero eu consigo".

Como ocorre com todos os personagens na trama da vida, um dia a morte chega para ele também. Depois da tentativa de invasão de uma aldeia que resiste ao controle do monarca, sofre uma emboscada preparada pelos próprios soldados, liderados por um de seus homens de confiança que pretendia desfrutar, por sua vez, de todas as vantagens do posto de comando. Como era impossível pensar em qualquer tipo de acordo, a solução é a eliminação. Ao perceber a emboscada, sente-se traído, com muito ódio. Luta em desespero, até tombar, ferido mortalmente pelo seu desafeto.

Ao desencarnar, percebe seu corpo sangrando e caído sem vida. Dá-se conta, para seu estranhamento, de que continua vivo. Na sua mente, repassa naquele momento rapidamente a vida e lamenta tudo o que acaba de perder. Seus sentimentos se misturam: ódio pela traição sofrida, tristeza pela perda de tantas coisas prazerosas, raiva de si mesmo por ter confiado em alguém sem o cuidado necessário, raiva pela humilhação do fracasso. Naquele momento de extrema importância para ele, toma uma decisão que ficará marcada em sua memória: "Não posso mais perder o controle das situações".

Ao analisarmos a atuação desse nosso personagem naquele contexto sociocultural, podemos deduzir os principais aspectos que influenciaram seu psiquismo. A valorização da *autoridade* e, em consequência, a *obediência* seriam aspectos considerados positivos e buscados para a manutenção de sua situação. O prazer resultante da *situação social privilegiada*, em função de sua profissão, reforçaria a busca pelo *poder* de forma desenfreada, mesmo que, para isso, usasse qualquer tipo de recurso, como a *violência* e a *agressividade*. A crença de que *poderia fazer e ter o que quisesse* norteava seu comportamento e suas atitudes. A experiência da morte teria reforçado alguns desses aspectos, através do *ódio* e da *reação à perda*. Além disso, uma decisão fica cristalizada em seu pensamento: "Não posso mais perder o controle das situações".

Seguindo a dinâmica de funcionamento do psiquismo que apresentamos anteriormente, podemos concluir que nosso personagem vai registrando todas as ocorrências de sua existência nas zonas inconscientes de seu psiquismo. Observamos que seu comportamento e suas atitudes buscam ser coerentes com um certo conjunto de valores que considera, naquela oportunidade, como geradores de prazer e satisfação. As respostas que nosso personagem vai desenvolvendo ao longo da existência refletem essa configuração de valores que chamamos de sistema de crenças e valores (SCV). Esse sistema seria um grande registro que conteria os valores e parâmetros que movem o indivíduo em sua relação com o meio circundante. Trata-se da forma como ele se posiciona diante da vida, as situações e condições que ele e o meio social valorizam, e que se convertem em objetivos a serem alcançados, bem como as crenças em que ele se baseia para nortear seu comportamento.

O sistema de crenças e valores de nosso personagem seria alimentado com base nas consequências de suas experiências, atribuindo maior ou menor valor aos eventos vivenciados. Assim, podemos dizer que, muito provavelmente, nosso personagem teria um sistema de crenças e valores com alguns desses elementos e tendo a seguinte qualificação: ódio quando contrariado, raiva de si mesmo ao fracassar, tristeza diante da perda.

Esses registros tenderiam a marcar de modo significativo o psiquismo desse indivíduo, principalmente após a morte do corpo físico. Ele levaria para as estruturas mais sutis essas marcas, algumas delas sem um nível adequado de elaboração ou conscientização, em virtude da dor e dos sentimentos torturantes vividos naquela experiência.

RELAÇÃO VALORES X CRENÇAS

VALORES:	CRENÇAS:
Poder (Maior Valor)	"Posso ter e fazer o que quiser"
Obediência (Maior Valor)	"Tudo está sob meu comando"
Força (Maior Valor)	"Não posso mais perder o controle das situações"
Confiança (Menor Valor)	"Não posso confiar em ninguém!"
Fracasso (Menor Valor)	"No final, sempre dá tudo errado."
Situação social	"Ser importante e famoso traz felicidade."

Em reação aos estímulos provocados pelo meio atual, nosso personagem recorreria ao seu sistema de crenças e valores, buscando identificar a maneira considerada mais adequada para atuar em cada caso.

Mais uma camada seria acrescentada a seu inconsciente transpessoal ou do passado, atualizando os conteúdos do sistema de crenças e valores que orientam a dinâmica e a atuação do ser nas manifestações de níveis mais densos da estrutura psíquica. Essa atualização do SCV seria uma integração dos valores desenvolvidos nessa última existência aos já pre-existentes, podendo ser neutralizados, quando se toma consciência deles, ou reforçados, quando repetidos.

Imaginemos que nos dias atuais esse nosso antigo comandante medieval tivesse reencarnado como um homem nascido em uma família com poucos recursos financeiros, fato que impediu o aproveitamento dos dotes de inteligência do menino no caso de uma formação educacional mais ampla. As dificuldades fizeram-no, muito cedo, dedicar-se ao trabalho da mecânica de equipamentos pesados, para conseguir a sobrevivência mais digna. No emprego de hoje, nosso atual personagem enfrenta grandes problemas diante de um patrão irascível, exigente e prepotente, que explora seus funcionários, não lhes dá seus direitos, como determina a lei, e mantém uma atitude grosseira e insensível diante das dificuldades apresentadas pelos seus subordinados. Nosso mecânico sabe que não pode enfrentar o patrão sem o risco de perder o emprego, fato gerador de grande insegurança em tempos de recessão e desemprego generalizados. Queria poder fazer alguma coisa, mas não vê saída.

Precisa se dedicar bem ao trabalho para manter o emprego. Os recursos de seu salário não conseguem atender às necessidades de sua família no consumo de bens, frequentemente lançados pelo mercado, que oferecem mais conforto e satisfação. Há pouco recebeu um convite para integrar uma comissão de fábrica que pudesse reivindicar benefícios e direitos junto à direção, porém, estava relutante quanto às intenções de seus companheiros operários.

Como nosso mecânico, ex-comandante, reagiria na situação de vida atual?

Os estímulos propiciados pelo novo meio provocam a emersão de uma série de conteúdos existentes no psiquismo do nosso indivíduo. Em reação aos estímulos provocados pelo meio atual, nosso personagem recorreria ao seu sistema de crenças e valores, buscando identificar a maneira considerada mais adequada para atuar em cada caso.

Como possuímos em nossa essência mais elevada, no Espírito, as leis naturais ou divinas, a percepção de uma situação como a apresentada levaria as dimensões mais sutis a procurarem responder de acordo com seus valores e metas. Portanto, diante de uma situação como essa, o Espírito do indivíduo sabe da importância daquela experiência para a neutralização dos conteúdos desequilibrados do passado. Procura assim orientar os níveis mais densos da consciência de vigília para que a reação seja compatível com os modelos da paciência e da humildade, diante de um companheiro difícil de jornada. Entende que, se a vida o aproximou desses seres, é porque pode possuir algum tipo de necessidade de reparação em relação a excessos do passado. Segundo a figura a seguir, poderíamos supor que o estímulo do meio gera um impulso na direção do Espírito, que, em resposta, segundo sua configuração de valores e seu nível de consciência, procura encaminhar uma ação compatível, representada pela seta.

Entretanto, conforme essas informações do Espírito vão se exteriorizando para as camadas mais densas, passam a ser influenciadas pelos conteúdos do sistema de crenças e valores do inconsciente transpessoal, resultante das diversas experiências anteriores. Nosso mecânico, caso não tivesse conseguido neutralizar, aliviar ou mesmo reverter aqueles fatores fixados na experiência do comandante medieval, por certo reagiria ainda movido por aqueles parâmetros – provavelmente com raiva ou irritação diante do patrão exigente e prepotente, já que não poderia fazer valer seu desejo de poder e de autoridade ainda presentes em seu psiquismo. Poderia ter aquelas reações, muito frequentes, de revolta diante dos acontecimentos, que o obrigavam a se "curvar", por não poder conseguir mais as coisas apenas porque as desejava. Sua projeção e promoção pessoal, limitadas e restritas por um contexto socioeconômico altamente impeditivo, trariam grande inconformação. Afinal de contas, ainda tinha em seu psiquismo, potencialmente, a convicção do "Posso ter e fazer o que quiser".

É provável que não se arriscaria na participação de uma comissão de empregados, pois qualquer suspeita de que os companheiros tivessem outros propósitos o faria reativar o sentimento de desconfiança nas pessoas, temendo ser novamente traído, situação que

Nesta figura, poderíamos supor que o estímulo do meio gera um impulso na direção do Espírito, que, em resposta, segundo sua configuração de valores e seu nível de consciência, procura encaminhar uma ação compatível, representada pela seta.

está associada, em seu psiquismo, a uma experiência de morte traumática. Enfim, poderia ainda vivenciar um quadro de ansiedade, gerada pela pressão constante da decisão tomada em vida passada em um momento crítico da existência: "Não posso mais perder o controle das situações".

Em função da atuação e influência do sistema de crenças e valores, nosso personagem atual se relacionaria com o meio através de comportamentos, sentimentos, pensamentos, crenças e sensações físicas marcados pela "herança" que traz de vidas passadas e que ainda fazem sentido para ele. Essa reação poderia ser expressa, na figura a seguir, por uma seta que indicasse o desvio de comportamento e a direção que o indivíduo da à vida diante dos acontecimentos.

A distância que vai do comportamento efetivamente utilizado ao comportamento pretendido pela dimensão do espírito pode se traduzir como *dor*.

A "LIÇÃO" QUE PRECISA SER APRENDIDA

Toda a experiência de sofrimento, portanto, repousa na configuração de valores que o indivíduo teima em manter, a despeito dos valores provenientes das camadas mais profundas e sublimes de sua essência espiritual. Como esses valores e crenças estão cristalizados em seu psiquismo, o espírito acaba provocando

Em função da atuação e influência do sistema de crenças e valores, nosso personagem atual se relacionaria com o meio através de comportamentos, sentimentos, pensamentos, crenças e sensações físicas marcados pela "herança" que traz de vidas passadas e que ainda fazem sentido para ele.

a emersão desses conteúdos para que sejam confrontados, questionados e diluídos. Para isso, muitas vezes, a experiência da dor por si só é suficiente para levar a essa conscientização. Entretanto, enquanto esse indivíduo não transformar esses valores, o funcionamento do psiquismo estará comprometido, mantendo o desequilíbrio do sofrimento. Como dissemos antes, a dor será o sinalizador da necessidade de transformação, o mecanismo reparador por excelência das distorções determinadas pelos nossos objetivos e interesses em dado instante do percurso espiritual. Em algum momento, a manutenção desses valores se tornará incompatível com a harmonia do conjunto.

Para responder à questão sobre o tempo necessário para o aprendizado da "lição", recorremos a *O Livro dos Espíritos*, em sua questão 1.004, quando Kardec procura saber o critério em que se baseia a duração do sofrimento do indivíduo. Os espíritos respondem de forma simples mas profunda: "No tempo necessário para que se melhore". Portanto, o sofrimento está na razão direta da manutenção de nossas imperfeições. Sabemos que estamos aprendendo a lição do sofrimento quando entendemos e atuamos sobre as verdadeiras causas de sua manifestação, melhorando-as. O sofrimento é, então, pedagógico, porque traz em si mesmo os elementos do desequilíbrio que o geraram, além de apresentar os fatores que precisam ser adquiridos pelo espírito para sua efetiva neutralização e superação.

Muitas vezes, os indivíduos irão perpetuar desnecessariamente seus sofrimentos, pois passam por eles sem questionar seus reais motivos. Passam pelo sofrimento e não se curvam diante da necessidade de abrandamento dos traços de caráter. Levam intactos os valores ultrapassados de ontem, pois julgam ser capazes de voltar a experimentar o prazer resultante do exercício desses valores e crenças. Querem manter esses prazeres sem pagar o preço da responsabilidade pelas suas escolhas ou porque se julgam superiores. Querem manter os excessos e não sofrer. Querem explorar os outros e a natureza sem responder pelos desequilíbrios que essa atitude egoística provoca no equilíbrio da vida em geral. Sofrem porque pensam apenas em si mesmos e nos seus interesses, julgando ainda que são merecedores de todos esses privilégios, posição mantida pelo orgulho das conquistas efêmeras do passado.

O sofrimento guarda em si os ingredientes necessários à transformação do ser. Basta haver coragem, disposição e lucidez para uma avaliação honesta da gênese do sofrimento. Ao nos conscientizarmos dos verdadeiros entraves ao aperfeiçoamento, poderemos lidar melhor com as situações problemáticas. Na maioria das vezes, não vamos ter condições de alterar o curso dos acontecimentos que nos envolvem e geram desconforto. Talvez não possamos mudar o *sofrimento*, mas podemos modificar a forma do *sofrer*.

CAPÍTULO 6

A PEDAGOGIA NOS GRANDES SOFRIMENTOS

Observamos até agora que o sofrimento não é uma ação externa ao indivíduo nem tem função punitiva. Ao contrário, a manifestação de qualquer tipo de sofrimento parece resultar da emergência de conteúdos cristalizados no psiquismo e que representam, naquele momento, motivo de desequilíbrio. O termo *emergência*, como já o usou Grof, tem dupla significação: emergência no sentido daquilo que emerge do psiquismo de profundidade para as zonas conscienciais mais superficiais do ego e do corpo físico, e emergência no sentido da urgência reclamada pelo espírito na elaboração e integração daquele conteúdo.

Além disso, em nossa visão, o sofrimento possui todos os ingredientes de que o espírito necessita para o aprendizado dos aspectos em desequilíbrio ou deficitários na estrutura de crenças e valores. Pelo esquema de funcionamento do psiquismo apresentado, vimos que, enquanto são mantidos certos traços de nosso caráter, a existência tende a entrar em um conflito básico: um lado de nosso ser precisa e pressiona por uma mudança, enquanto outro lado se prende às realizações ou necessidades parciais do ego, comprometendo o funcionamento harmonioso do conjunto. O sofrimento se transforma, assim, em instrumento íntimo de crescimento e conscientização do ser espiritual que somos.

Neste capítulo, apresentaremos as situações de aprendizado contidas em grandes manifestações de sofrimento – os chamados *grandes sofrimentos*.

Os casos que iremos apresentar, e respectivos comentários, são resultado da observação de muitos processos terapêuticos, portanto, são verídicos. É claro que qualquer dado capaz de identificar seu "personagem" foi suprimido, por questões éticas. A leitura dos casos apresentados nos próximos capítulos, contudo, deve ser precedida de um alerta importante para o leitor: *as observações que fazemos*, por mais que expressem as tendências mais gerais e frequentes nos quadros citados, *não podem ser generalizadas para qualquer patologia semelhante*.

Nossa observação se prende ao fato de termos que, ao lidar com a complexidade da mente humana, considerar que cada caso apresenta sua singularidade. Cada indivíduo é um ser único, resultado de suas experiências de vida passada, da forma como passou por elas, das relações que teve na atual ou em existências pretéritas, bem como de toda a influência da história biográfica atual e dos sistemas familiar, social e cultural vividos pelo indivíduo na atual personalidade. Portanto, muitas das patologias descritas poderão apresentar psicogênese diferenciada para cada caso.

AS GRANDES DOENÇAS DO CORPO FÍSICO

O primeiro entre os considerados grandes sofrimentos que iremos abordar se enquadra na categoria dos problemas que têm nos distúrbios orgânicos sua principal característica. Estamos falando de uma série de doenças que geram quadros de sintomas físicos importantes, seja por disfunção, lesão, deterioração ou enfraquecimento de algum tipo de órgão ou sistema importante, trazendo a percepção de dor e limitações na vida.

Como vimos, ao considerar a estrutura psíquica do ser integral com as dimensões mais sutis da consciência, como o perispírito e o inconsciente transpessoal ou do passado, deduzimos que os desequilíbrios causados por vivências anteriores importantes podem deixar marcas significativas. A possibilidade de arquivamento dessas marcas em níveis mais sutis, como o perispírito, garante que elas sobrevivam à morte do corpo físico, guardando-se as impressões da vivência original, por exemplo, sensações físicas, pensamentos, decisões, situação em que ocorreu, valores etc. Portanto, ao reencarnar, o espírito projeta as características que traz para a zona consciencial mais densa, no intuito de drenar essas desarmonias.

Conforme o espírito se liga, a partir do momento da concepção, à primeira célula-ovo do novo corpo, teremos a estrutura perispiritual emergente presidindo todo o processo de embriogênese. Dessa forma, algumas das marcas mais significativas do perispírito deverão imprimir os reflexos desses desequilíbrios, provenientes do arquivo milenar do ser, na formação desse novo corpo.

Temos, basicamente, duas situações principais que gostaríamos de comentar. A primeira são as marcas que já trazem suas impressões estampadas no funcionamento fisiológico do ser reencarnante, pelas doenças que podem ser identificadas a partir do nascimento do bebê ou, mais modernamente, até bem antes do momento do nascimento, através de recursos como a ultrassonografia, a ressonância etc., que a ciência tem disponíveis. Essas, comumente, vão representar para o espírito necessidades mais severas de reeducação ou reenquadramento por meio das experiências de dor física e das restrições que impõem. Segundo Joanna de Ângelis:

> O encarceramento nas paresias, limitações orgânicas e mentais, as paralisias, as patologias congênitas sem possibilidade de reequilíbrio, certos tipos de loucura, de cânceres, de enfermidades degenerativas se transformam em recurso expiatório para o infrator reincidente que, no educandário das provações, mais agravou a própria situação, derrapando para os abismos da rebeldia e da alucinação propositais. Entre esses, suicidas premeditados,

homicidas frios, adúlteros contumazes, exploradores de vidas, vendedores de prazeres viciosos, tais como as drogas alucinógenas, o sexo, o álcool, os jogos de azar, a chantagem e muitos artigos da crueldade humana catalogados nos estatutos divinos.[1]

A segunda forma de manifestação dessas desordens perispirituais pode ser observada em toda disfunção que se encontra latente na estrutura funcional do indivíduo. Os desequilíbrios dessa ordem, por meio de predisposições a problemas orgânicos, vão depender do tipo de conduta que o indivíduo terá ao longo das situações experimentadas na atual existência. Trata-se daquelas que, muitas vezes, são desencadeadas com base em determinado evento ou período da vida do indivíduo.

A estreita ligação entre as estruturas orgânicas e fisiológicas e as estruturas mais sutis da consciência acaba por determinar a manutenção dessas desordens enquanto a configuração de crenças e valores não se modificar.

O DIABETES

Gostaria de citar um interessante estudo desenvolvido pelo dr. Júpiter Villoz Silveira,[2] médico endocrinologista

---

[1] Joanna de Ângelis, psicografia de Divaldo P. Franco. *Plenitude*. Niterói: Arte e Cultura, 1991, p. 32.
[2] O leitor interessado poderá consultar artigo sobre essa pesquisa na obra *Saúde e Espiritismo*, editada pela Associação Médico-Espírita do Brasil, em 1998, citada na Bibliografia.

pela Universidade de Londres, membro da Associação Médico-Espírita de Londrina, no Paraná.

Seus estudos se concentram em pacientes portadores de diabetes melito tipo I. Esse problema em geral se desenvolve repentinamente, na infância ou na adolescência, como consequência de um ataque do sistema imunológico às células do pâncreas do jovem. Após as primeiras crises e o diagnóstico da doença, o indivíduo e sua família se veem diante de uma exigência de condutas que envolvem dietas rigorosas, necessidade de exercícios físicos, aplicação de insulina, exames laboratoriais periódicos de controle, acompanhamento médico regular etc.

Um dos grandes problemas com os pacientes desse tipo de diabetes é a resistência aos rigores que o tratamento impõe no dia a dia, fazendo com que a maioria abandone essas condutas. Só vão retornar quando os quadros já avançaram para o comprometimento da visão, do funcionamento neuronal ou renal.

A partir de uma observação sistemática das características do portador de diabetes melito tipo I, o dr. Júpiter concluiu que essa dificuldade estava relacionada às características de personalidade desses indivíduos: comumente, jovens inteligentes, sensíveis e extremamente *indisciplinados*, tendo grande dificuldade de se submeter a regras e ordens.

Com base em suas observações, o dr. Júpiter estabeleceu um protocolo de pesquisa para atuar no grupo de portadores desse tipo de diabetes, tendo como parâmetro a dosagem de insulina. Usou como metodologia a explicação sistemática, para o grupo, da realidade da vida espiritual, da reencarnação e da possibilidade de uma programação reencarnatória – aceita pelo espírito – como forma de aprendizado. Os questionamentos que se seguiam diziam respeito ao papel do diabetes na vida de cada um. Os indivíduos foram esclarecidos sobre seu Projeto Espiritual e finalidade de vida, em que o objetivo maior seria o crescimento do espírito e o desenvolvimento de nossas metas seculares, para "crescermos em conhecimento e capacidade efetiva, vencendo as carências e defeitos do espírito. Exemplo: a sua indisciplina. Se você se disciplinar, você vence o diabetes, do contrário, o diabetes vence você".[3]

O resultado foi surpreendente, pois 80% dos portadores tiveram, a partir do trabalho de conscientização, sua dosagem de insulina reduzida significativamente.

Dentro de nosso modelo de explicação, o traço marcante de caráter associado à indisciplina parece poder provocar, quando empedernido, um desequilíbrio interno nas estruturas psíquicas, refletido na disfunção do corpo físico em uma patologia que consegue experimentar exatamente o que ele precisa. Nada melhor, para alguém fixado na indisciplina, que um problema físico que exija do indivíduo observação de horários, controle de alimentação, controle da dosagem de insulina etc. Caso contrário, sua vida fica comprometida decisivamente. Parece que, caso se deixasse por conta da vontade do indivíduo, ele se perderia mais uma vez nas redes da indisciplina, na expectativa de que pudesse fazer ou comer tudo o que bem entendesse, sem medir as consequências de seu comportamento.

---

[3] Associação Médico-Espírita do Brasil. *Saúde e Espiritismo*. São Paulo, 1998, p. 392.

A doença, assim, aparece como mecanismo de aprendizado quase compulsório às deficiências do espírito. E pensar que muitos dos portadores dessa patologia se deixam levar até o comprometimento da vida por não quererem se curvar diante da lógica da existência...

AS DOENÇAS AUTOIMUNES

Outro tipo de patologia que oferece significativo material de reflexão para a Pedagogia do Sofrimento são as doenças chamadas autoimunes. Nessas patologias, o organismo, através do seu sistema imunológico, produz defesas contra o próprio organismo, como se fosse identificado como um elemento nocivo a ele mesmo. Alguns desses casos são caracterizados por uma degeneração de tecidos, músculos ou tecidos nervosos, levando a grandes episódios de dor, perda de funções vitais, como locomoção – por distrofia muscular ou por enrijecimento das articulações –, processos alérgicos severos, disfunções neurológicas etc.

Aquele jovem tinha um quadro que poderia ser resumido pela palavra IMPASSE. A partir de certa idade, na adolescência, começou a sentir os primeiros efeitos de uma perda de capacidade e potência muscular nos braços e nas pernas. O diagnóstico só veio bem mais tarde: uma espécie rara de miopatia crônica, ou seja, havia um problema em seu sistema imunológico que provocava a destruição de células e fibras responsáveis pela sustentação muscular. As crises eram acompanhadas de muitas dores, obrigando-o à paralisação completa de suas atividades escolares, profissionais e familiares. Os medicamentos procuravam distanciar as crises, sem nenhuma perspectiva de cura adiante.

Para completar, após uma crise aguda de ansiedade, o psiquiatra recomendou o uso de ansiolíticos, que começaram a causar a neutralização do efeito dos medicamentos para a miopatia. Era um IMPASSE. Se tomasse o medicamento para ansiedade, piorava da miopatia. Caso não o tomasse, as crises de ansiedade se tornavam mais fortes e frequentes. Ele se revoltava com a impotência dos tratamentos na redução, pelo menos, de suas dores.

Logo no início da terapia, elegemos como primeira meta procurar relacionar os eventos desencadeadores das crises. O rapaz identificou que a maioria das crises ocorria após períodos de intensa tensão ou contrariedade, quer no trabalho, quer no ambiente familiar.

Ao longo de suas regressões, teve a chance de relembrar diversas vidas passadas nas quais a tônica eram as extremas agressividade e violência de seus personagens. Em uma das mais marcantes, ele se vê como um feitor de uma propriedade rural, com muitos escravos. Sua forma de tratá-los é impiedosa e violenta, não se importando com o tipo de tortura que tivesse de lançar mão para poder ser obedecido, mesmo entre os empregados assalariados da propriedade. Depois de muitos excessos nessa área, o feitor morre a pauladas em uma rebelião de escravos. Diante da morte, sente muita raiva por não ter podido reverter aquela situação. Lamenta-se pela perda da vida em mãos "tão inferiores", mas o que marcava o rapaz de hoje era a indiferença com que tratara aquelas pessoas no passado.

Em outra regressão, vê-se como um homem extremamente rigoroso e intolerante com seus filhos e esposa. Não admitia nenhum tipo de questionamento às suas ordens. Leva a vida com mão de ferro, até que, diante de uma recusa de sua filha em aceitar o esposo escolhido pelo patriarca, castiga-a de forma violenta e agressiva com um chicote. Após a sessão de açoites, deixa-a presa em seu quarto, sem autorização de sair ou ser atendida. Quando, dois dias depois, permite a entrada da esposa, que, aflita, não ouvia mais o choro da filha, fica sabendo que a filha tivera sérias complicações nos ferimentos não tratados. Mantém-se firme na necessidade de sua reação para a manutenção da ordem e da disciplina, mas sua filha acaba morrendo, consequência de sua atitude agressiva desmedida. Apesar da aparente indiferença, sua consciência o fustigou, com a profundidade do açoite, como só a culpa sabe fazer.

Entendeu o rapaz, da vida atual, que trazia ainda os traços de agressividade e violência inscritos em sua consciência. Mas também estava envolvido em um sentimento de culpa que repercutia até os dias de hoje em um processo de autopunição. A compreensão de suas deficiências conseguiu trazê-lo a uma consciência sobre a necessidade de abrandar sua maneira de agir diante das coisas que o contrariavam. Pôde perceber que, quando a agressividade contida em sua atitude se manifestava, ela não se exteriorizava como antes, em função das conquistas em outras tantas reencarnações, embora ainda despejasse todos os dardos venenosos de suas injunções nas estruturas da própria organização física, provocando o comportamento autodestrutivo e as crises de dores.

Sabia, agora, que as disfunções crônicas não poderiam ser debeladas completamente, e não poderia ser essa também a proposta da terapia de vida passada, mas pôde entender que a doença atuava, hoje, como mecanismo de freio aos impulsos de sua tendência mais agressiva. Quanto mais se conscientizasse, e conseguisse dobrar e equilibrar os impulsos agressivos, mais distantes estariam as crises e a deterioração pela miopatia.

Equilibrada a sua dinâmica psíquica mais íntima, assistimos a uma decrescente ocorrência das crises de dores e restrições físicas. E, quando ocorriam, ele tinha plena consciência do motivo e não deixava mais a revolta e a raiva tomarem conta de seu ser. Aprendeu com a dor a receita do abrandamento.

DIFICULDADE DE ENGRAVIDAR

A mulher de meia-idade nos procurava pela dificuldade em engravidar. Ao longo de toda a adolescência, sempre tivera um fluxo menstrual altamente irregular acompanhado de longos períodos de dor de cabeça, cólicas, inchaços e tonteiras. Depois do início de uma vida sexual mais ativa e de um casamento estável, deparava-se com a impossibilidade de engravidar causada por má-formação congênita de seus ovários, que era responsável por todo o problema. Apesar de os médicos dizerem que era possível a gravidez, as tentativas diversas de fertilização in vitro foram frustradas. Ela e o marido já tinham pensado em adoção, mas o medo sobre a procedência da criança adiava essa providência.

Ao iniciar o processo regressivo, recordou-se de várias existências em que teve problemas na área da sexualidade e da maternidade.

Em uma de suas vidas passadas, vê-se como uma mulher cigana, jovem e bonita. Sua beleza e dotes físicos provocavam nos homens uma atração irresistível. A jovem cigana desde cedo percebe que podia usar todo o seu poder de sedução para atrair os homens que desejasse. Logo descobre ser esta uma forma fácil de conseguir vantagens, presentes e facilidades dos que faziam de tudo para desfrutar de alguns momentos de prazer com aquela mulher. Sua conduta é condenada pelo grupo ao qual pertence, sendo banida de seu convívio. Estava convicta, porém, de que não precisava de ninguém para sobreviver e de que poderia manter seu jogo de sedução para continuar com o padrão de vida que queria.

Um dia, para seu desespero, percebe-se grávida. Sabe que essa gravidez retira toda a sua possibilidade de manter o tipo de vida que tinha escolhido. Lança mão de uma aborteira para impedir o avanço da gestação do seu filho. Apesar do susto de uma recuperação difícil, em função dos precários recursos à época, consegue superar o momento crítico. Passa a usar seus conhecimentos de cigana, tomando sistematicamente chás de ervas que impediam a ovulação, garantindo assim a continuidade de uma vida de uso do corpo para conseguir atender a toda sorte de necessidades. Acaba morrendo acometida de uma doença na área genital que, pela descrição, parecia ser uma forma de câncer de útero.

Em outra regressão de memória, vê-se também como uma mulher, perde o marido prematuramente e não sabe como fazer para acabar de criar o único filho do casal, com cinco anos. Procura a ajuda de um importante figurão do vilarejo, pensando obter algum tipo de empréstimo ou conseguir sensibilizar o homem com sua história.

Diante da negativa categórica dele, fica desesperada, sem saber como resolver a situação aflitiva em que se encontrava. Completamente atordoada, sai à via pública. No meio da praça, onde ocorria uma feira popular, muitas pessoas transitam para lá e para cá. Em um dado momento, toma uma decisão radical: solta deliberadamente a mão do filho, deixando-o no meio da multidão para que se perdesse. Julgou que, com esse expediente, pudesse estar garantindo melhor sorte ao filho do que ao seu lado.

Muda-se imediatamente para outra vila, onde acaba sua vida como uma prostituta vulgar, em uma taberna de beira de estrada, sujeita às mais terríveis humilhações e sofrimentos. Ao morrer, vendo-se fora do corpo físico, percebe uma sombra que dizia ser o filho abandonado, cobrando-lhe a atitude da mãe, que o fizera sofrer de fome e frio até a morte prematura, por doença incurável, sozinho e desamparado.

Na vida atual, a mulher trazia as marcas físicas do excesso e do desvio na sexualidade desequilibrada e inconsequente. Seu corpo perispiritual tinha impresso os desajustes do aborto e dos métodos anticoncepcionais, visando apenas a manutenção do seu meio de vida. O aprendizado parecia estar na persistência na decisão de superar os obstáculos que viabilizassem, finalmente, a gravidez difícil. A vida colocava novamente nossa cliente diante da possibilidade da maternidade, só que, desta vez, devendo procurá-la espontaneamente. A saída para o seu sofrimento estava na conscientização de buscar desenvolver, agora, o amor maternal que tinha negligenciado no passado.

Como consequência do processo terapêutico, resolveu-se, juntamente com o marido, pela adoção imediata de um filho. Ao final do processo de adoção, findos os trâmites legais, surpreendeu-se com a extrema afinidade do filho adotivo com seu futuro papai. Três meses após a adoção, fomos obrigados a interromper o processo terapêutico: nossa cliente estava grávida, mas o médico recomendava repouso absoluto, pois era grande o risco de perda do bebê. Era a vida dando continuidade, incontinente, ao processo de aprendizado.

O TORMENTO DA DEPRESSÃO

Um dos grandes tormentos que assolam a humanidade nos últimos tempos é o quadro da depressão.

Anteriormente chamada de melancolia, a depressão encontra relatos dos seus sintomas em todos os períodos da história da humanidade. Modernamente é classificada como um transtorno do humor, uma perturbação afetiva que pode levar os indivíduos a experimentar um quadro característico de sintomas como isolamento, apatia, pensamentos negativos, falta completa de esperança, vazio existencial, angústias, distúrbios de sono e do apetite etc. podendo, como consequência, levar o depressivo a pensamentos suicidas.

Podemos classificar, basicamente, a depressão como sendo *endógena*, ou seja, proveniente de disfunção orgânica, ou *reativa*, isto é, originada de fatores psicossociais, socioculturais, econômicos ou morais. A partir de um modelo materialista, a depressão pode ser entendida por uma disfunção orgânica, em nível cerebral, no funcionamento dos neurotransmissores – serotonina e noradrenalina –, sendo recomendada, principalmente no período crítico dos sintomas, a utilização de uma combinação de medicamentos que incluem antidepressivos e ansiolíticos para a regularização do processo bioquímico do cérebro.

Utilizando, porém, um paradigma transpessoal, que considera o componente espiritual do homem, não podemos deixar de constatar a origem dos quadros depressivos na esfera do espírito. Como temos visto, os arquivos do ser espiritual trazem marcadas as reações oriundas da responsabilidade de atitudes e valores do próprio espírito. A depressão é o fator predisponente aos demais fatores desencadeadores desse difícil processo psicopatológico. Não é nosso objetivo apresentar todos os modelos explicativos, sejam psicológicos ou psiquiátricos, para a depressão. Para isso, recomendamos leitura especializada.

O que temos observado é que somente a consideração do fator espiritual poderá oferecer aos indivíduos os reais motivos que o predispõem a quadros depressivos, visto que as análises disponíveis pela ciência tratam o homem em suas partes isoladas, ou parcialmente integradas, e não na totalidade do ser espiritual. Em seu livro *Tormentos da Obsessão*, Manoel Philomeno de Miranda, pela psicografia de Divaldo P. Franco, conclui:

> Desse modo, a depressão, mesmo quando decorre de uma psicogênese bem delineada, seja pela hereditariedade ou pelos fatores psicossociais e outros, sua causa profunda se encontra sempre no espírito endividado que renasce para libertar-se da injunção penosa a que se entregou.[4]

Quando usamos o termo *espiritual*, não estamos nos referindo apenas à possibilidade de o quadro depressivo estar sendo motivado por uma influência espiritual externa obsessiva. Embora esta poderá ser observada com frequência em muitas patologias – como veremos mais à frente –, não se pode incorrer no erro de considerar exclusivamente o fator obsessivo como gerador da depressão.

O abatimento, a insatisfação permanente, o isolamento e a expressão de tristeza, na maioria das vezes, reflete um profundo processo de frustração do espírito.

---
[4] Manoel P. de Miranda, psicografia de Divaldo P. Franco. *Tormentos da Obsessão*, 2001, p. 283.

A tristeza, algumas vezes, pode ser considerada uma falsa tristeza, usada para esconder as matrizes do inconformismo e da revolta. Esse processo, inconsciente, resulta da constatação, pelo espírito reencarnante, da impossibilidade de realizar todos os seus desejos e vontades. A necessidade premente de modificar as tendências da ociosidade, da forma de viver fácil, do abatimento diante da perda dos objetos de satisfação do passado faz com que o ego, a dimensão consciente, rebele-se, como se recusasse o esforço de superação que se aproxima.

Por esse motivo, Joanna de Ângelis define a depressão[5] como um processo de nostalgia patológica, ou seja, o espírito sofre, melancolicamente, a saudade de um tempo anterior em que pôde desfrutar de vantagens ou privilégios da dimensão material. Entretanto, chamado às responsabilidades de construção de novos valores morais, ele se imobiliza diante das situações renovadoras que o desafiam à frente. Muitas vezes, o abatimento se origina da consciência que o espírito tem de seus projetos de crescimento, que lhe exigirão renúncia, paciência e resignação.

A seguir, narraremos um caso vivenciado em nossa prática terapêutica.

O relatório psiquiátrico era detalhado e conclusivo: depressão. O afastamento do emprego público tinha sido recebido com certo alívio pelo paciente que estava diante de nós. Abatido, ombros caídos, olhar distante, parecia ter perdido o gosto pela vida. Relata as profundas insatisfações que conhece desde os tempos

---
[5] Joanna de Ângelis, psicografia de Divaldo P. Franco. *Amor, Imbatível Amor*. Salvador (BA): Leal, 1998, p. 87.

da adolescência, quando teve que iniciar a vida profissional pressionado pelas necessidades financeiras da família. Sempre buscava novos tipos de emprego, mas nada parecia satisfazê-lo. A rotatividade de empregos pesava cada vez mais, dificultando novas oportunidades. A solução tinha sido a nomeação para um cargo público, sem concurso, para uma função subalterna, graças à intervenção de um político amigo da família. A posterior efetivação trouxe a estabilidade no emprego, apesar das faltas e dos atrasos constantes.

Inteligente e perspicaz, sentia-se subaproveitado, infeliz com sua sorte, sem forças e incapaz de modificar sua vida. Achava-se um "estranho no ninho", alguém deslocado da vida, sem interesses. Tudo era chato e tedioso. Mas a depressão o colocara em uma encruzilhada: ou buscava uma forma de combatê-la ou se entregaria totalmente à inutilidade. Apesar de não ter relatado, era evidente que possuía pensamentos suicidas.

Colocado em regressão, pôde identificar uma série de vidas nas quais teve poucas exigências para a sobrevivência, vivendo à custa de famílias poderosas, influentes e ricas. Outras vezes, utilizou os recursos da inteligência para negócios escusos, passando pessoas para trás ou explorando-as. Em uma delas, tem longa vida como membro de uma família latifundiária. Como desde cedo demonstrara pouca aptidão para o comércio e a administração da produção agrícola, dedicou-se às artes, a festas e romances arrebatadores. Garantido pela condução segura dos negócios pelo irmão mais novo, pôde desfrutar de uma vida de facilidades e deleites despreocupados.

Ao desencarnar, percebe a falha na condução de sua vida. Programara uma reencarnação em que pretendera a criação e o desenvolvimento de um estabelecimento escolar destinado ao aprendizado de classes menos favorecidas, utilizando, inclusive, parte dos recursos financeiros com que a vida o tinha presenteado. Percebeu que na vida atual relutava em aceitar a necessidade do esforço em ganhar a vida com os recursos de que dispunha. Não poderia ficar aguardando as benesses de uma vida já passada e que, na verdade, só tinha cristalizado a apatia e o desânimo. Aguardava privilégios que já não faziam parte do contexto atual. Como poderia empregar os recursos de inteligência e perspicácia que a vida tinha lhe facultado? Essa a questão que, trabalhada em terapia, permitiu uma gradual modificação em sua configuração de valores. Conscientizou-se dos benefícios que o trabalho e a dedicação aos projetos sociais teriam para seu crescimento espiritual.

Em uma de suas últimas regressões, já fora do quadro típico da depressão, retomando suas atividades profissionais, recorda-se de uma situação ocorrida no Plano Extrafísico ou Espiritual, entre a última existência como encarnado e a atual. Depois do desencarne, vê-se, durante algum tempo, em situação de perturbação espiritual, sendo posteriormente atendido por um grupo de abnegados companheiros espirituais. Depois de compreender sua nova realidade, envolve-se em trabalhos de auxílio espiritual básico a indivíduos recém-desencarnados, sentindo imensa satisfação e realização, apesar da simplicidade de sua tarefa. Entretanto, chega o dia em que é informado da necessidade da reencarnação próxima para continuar seu processo evolutivo. Nega-se terminantemente em aceitar a nova jornada. Argumenta que prefere o trabalho que executava na espiritualidade, pois acha que precisa estar mais bem preparado para as provas futuras. Tenta trocar mais tempo no serviço espiritual pela existência como encarnado etc. Acaba reencarnando de forma compulsória, esquecido de que a vida é mais sábia para estabelecer nossas oportunidades de crescimento. Sua sensação de estar deslocado na vida vinha da inconformação e resistência diante da reencarnação atual.

Ao tomar consciência de como vinha se debatendo contra a vida, passa a procurar uma mudança em sua configuração de valores e comportamentos que pudesse ajudá-lo a redirecionar suas ações em busca do sentido de sua existência. Para isso, necessitava desenvolver as ferramentas da aceitação, do trabalho, da perseverança e da persistência.

O PÂNICO

Outro desafio para o conhecimento humano atual é, sem dúvida nenhuma, o transtorno de pânico, comumente chamado de síndrome do pânico. Considerado pela Organização Mundial de Saúde (OMS) como um problema sério de saúde, segundo as estatísticas oficiais, atinge em torno de 4% da população mundial. Na verdade, o transtorno de pânico é classificado como um transtorno de ansiedade.

O problema começa com uma crise de pânico em uma situação aparentemente normal do cotidiano do indivíduo: uma fila de supermercado, um engarrafamento ou uma fita de cinema. O indivíduo começa a sentir um medo intenso invadi-lo; a impressão de que algo terrível vai acontecer, ou de que vai morrer sem receber assistência, costumam ser os relatos mais comuns. A intensidade dos sintomas e das sensações físicas que caracterizam esse episódio reforçam a tese inicial do indivíduo de que está diante de um ataque do coração ou de uma crise hipertensiva. A tendência natural é a busca por um cardiologista, um endocrinologista ou um clínico geral, ocasião em que, na maioria das vezes, os exames não identificam nenhum motivo real para a crise. A partir da primeira crise, o indivíduo passa a se sentir permanentemente apreensivo pelo aparecimento de nova crise: é o medo de ter medo. Só que medo de ter medo já é o medo, e, com isso, a sequência de crises passa a ser intolerável. Até chegar ao psiquiatra, que, normalmente, diagnostica o transtorno de pânico, o caminho pode ser longo e penoso.

Em 90% dos casos, o transtorno de pânico é acompanhado de agorafobia, isto é, medo intenso e desproporcional de lugares abertos, fora da zona de segurança, ou que tenham muitas pessoas ou estas sejam estranhas ao indivíduo.

A explicação psiquiátrica concentra-se na disfunção bioquímica ocorrida no nível dos neurotransmissores, serotonina, dopamina e noradrenalina, elementos cerebrais responsáveis pela transmissão das mensagens ao cérebro e vice-versa. A explicação é de que há um erro, por parte do cérebro, na decodificação das mensagens do meio. Assim, uma situação normal é entendida e decodificada pelo cérebro como de extremo perigo, fazendo com que o sistema de alerta, que age nessas situações, prepare o indivíduo para o enfrentamento ou a fuga. O tratamento comumente indicado contém antidepressivos combinados com ansiolíticos e psicoterapia. A estatística é desfavorável para o portador do transtorno, que em 50% dos casos irá tomar medicamentos por toda a sua vida.

Entretanto, ao considerarmos o componente espiritual do ser humano e o processo reencarnatório, teremos, mais uma vez, um grande sofrimento a demonstrar um significativo aprendizado. O portador do transtorno de pânico costuma apresentar características específicas de personalidade, já identificadas pela Psicologia Tradicional: são pessoas em geral perfeccionistas, extremamente ativas e trabalhadoras, exigentes consigo mesmas e que possuem baixo nível de tolerância a frustrações, além de preocupação excessiva com o amanhã e tendência a pensamento negativista, sendo, contudo, considerado "boa gente" e tendo "bom caráter".

Na terapia de vida passada, temos observado que as disfunções neuronais que realmente trazem sérios desequilíbrios ao indivíduo são parte de um complexo processo, mais amplo, que envolve fatores espirituais significativos, sem os quais nos parece improvável a completa reversão dos quadros de pânico.

Em pesquisa que realizamos nos últimos anos, identificamos que muitos dos sintomas relatados pelos clientes podem ser relacionados a um ou mais de três fatores.

Um dos grupos de sintomas está relacionado a reações inconscientes de medos intensos, em razão da emersão de conteúdos traumáticos – normalmente mortes traumáticas em vidas passadas – que deixam marcas de aflição e desespero diante da possibilidade de ocorrência de situação semelhante no presente.

Em função desse primeiro grupo de sintomas, um outro se desencadeia, ou seja, o disparar do sistema de alerta diante de uma situação de perigo real, só que não é de um perigo externo que estamos falando. A emersão do conteúdo inconsciente algumas vezes é de tal ordem, com tal realidade para o psiquismo – que teme voltar a viver as situações-limite registradas em sua memória transpessoal –, que o organismo de hoje reage como se estivesse na iminência de revivê-lo. Os sintomas orgânicos do pânico são disparados neste momento.

O último grupo de sintomas que temos identificado ao trabalhar com o componente espiritual relaciona-se a uma influência espiritual externa ao sujeito, em geral desafetos do seu passado que se aproveitam de sua sensibilidade paranormal ou mediúnica, não raro desconhecida por parte do indivíduo, para provocar sensações físicas e psicológicas de extremo desconforto.

Tratar, porém, apenas os medos não levará muito mais longe a proposta de tratamento e cura do pânico. É preciso conscientizar-se da configuração de valores e crenças que está por trás desse processo.

Vejamos este caso em que o sofrimento gerado pela crise de pânico pôde levar o indivíduo, em contrapartida, a uma transformação de seus valores.

Eu o apelidei de "Sr. 150%". Aquele jovem executivo, de carreira promissora e inteligência invejável, apresentava-se hoje em condições lamentáveis, apesar dos seus 35 anos de idade. A primeira crise tinha ocorrido em um dos costumeiros engarrafamentos enfrentados por ele na metrópole em que residia. De repente, viu-se tomado por uma onda de calor incômoda, seguida da impressão de que o ar ia lhe faltar. A pressão no peito o fez suspeitar imediatamente de um ataque cardíaco. Mas o desespero que o assaltou não podia ser descrito por completo. E tinha aquelas ideias: "Vou morrer"; "E se ninguém me socorrer?; "Como avisar minha família?"; "Eu preciso chegar em casa...".

A partir daí, aquele promissor executivo do mercado financeiro viu sua vida declinar incessantemente – logo agora que sua atuação no mercado de ações ganhava destaque em função da maneira primorosa com que dominava a projeção das variações da economia nacional e internacional, garantindo bons investimentos para os acionistas. Após a terceira crise, já não conseguia mais sair de casa sem estar acompanhado. Diante de qualquer suspeita de crise, tinha que retornar para casa, estivesse onde estivesse. Não havia sido possível manter o emprego em face dos atrasos e das faltas injustificáveis para seus chefes. Logo ele, que já tinha traçado seu plano de promoção dentro da instituição para os próximos dez anos. Era o fim de todo um planejamento.

A família não tinha mais paciência diante das constantes mudanças na vida em função dos "piripaques" do jovem. E, quando menos esperava, lá estava mais uma crise: tudo completamente fora de controle. O *tratamento médico se caracterizava por períodos de dedicação integral seguidos de outros períodos em que o jovem se negava a tomar a medicação prescrita ou fazê-lo nas dosagens recomendadas, mudando-as por conta própria, fato que já tinha lhe valido algumas situações críticas de hiperdosagem.*

Logo na primeira regressão de memória, em um estado ampliado de consciência, percebeu a atuação de uma "presença", ou obsessor, que lhe cobrava a forma desumana com que o tinha tratado, e a toda a sua família, em uma antiga história. Nosso cliente, um ambicioso comerciante, associou-se a um outro jovem mercador, vindo este de família importante de determinada região com a qual tinha interesse em iniciar transações comerciais. Entretanto, logo que estabelece alguns contatos importantes por meio da influência do novo sócio, planeja descartá-lo. Conforme vai levando avante o plano, resolve forjar uma situação em que pudesse ficar com alguns dos bens do sócio. Finalmente, arma uma complexa operação fraudulenta que leva o sócio à bancarrota. O jovem mercador, desesperado, suicida-se para evitar os tormentos e a humilhação dos credores. Toda a sua família fica na miséria. Ao contar sua história, a "presença" que influencia nosso cliente hoje, demonstra toda a atualidade do ódio que sentiu ao saber, após ter desencarnado, que fora vítima de uma trama do sócio (nosso cliente).

Não podemos nos deixar levar, como veremos mais à frente, pela impressão ingênua de que é a obsessão a responsável pela patologia. Muitas foram as vidas em que o "Sr. 150%" se viu em situações de comando e poder, manipulando toda sorte de situações. A ênfase era sempre o predomínio da sua vontade, sempre a tendência ao domínio e supremacia das suas verdades.

Em uma das sessões de regressão de memória, ele se vê como um padre em uma região da Europa. Envolvido desde cedo com os processos da Inquisição promovidos pela Igreja, assiste a seu prestígio crescente arrastar o idealismo do início para a manutenção de um jogo de alianças e interesses que fizesse as coisas permanecerem como achava mais conveniente: para ele, para a Igreja, para os que compartilhavam os mesmos interesses e a mesma influência. Seus momentos mais delicados eram aqueles em que precisava articular interesses diante de processos da Inquisição contra pessoas poderosas ou influentes. Sua capacidade de lidar com situações delicadas ou limítrofes o favorecia para liderar esses casos em que a pressão era permanente e de todos os lados.

Nosso jovem executivo de hoje percebeu como ainda mantinha muitos dos padrões de comportamento de seus personagens de antes. Seu inconsciente transpessoal mostrara-lhe a identificação que ainda tinha com a forma de encarar as situações de vida. Ainda era o mesmo, na tentativa de manter o estreito domínio das situações externas. Nada podia lhe escapar ao controle e, sempre que isso acontecia, gerava nele intensa insegurança e receio do fracasso. Era agressivo na forma de atuar profissionalmente. O destaque tinha vindo junto com a capacidade de antecipar e prever acontecimentos, mas não havia se preparado para as perdas, para os fatos imprevistos que são comuns nos campos das ciências econômicas. O medo de perder o controle e fracassar tinham-no feito exigente e perfeccionista, inflexível e manipulador. As propostas de trabalho social para os mais necessitados tinham ficado para trás, como arroubos idealistas do adolescente. Não pôde perceber que era o alerta do próprio espírito para o necessário envolvimento com o trabalho no bem.

O obsessor só encontrava espaço para agir pela manutenção dos mesmos padrões e valores de ambição e agressividade do passado, ainda que atenuados. Sofria hoje do que tinha feito sofrer. Sofria hoje pela intolerância com as frustrações. Trazia a crença inconsciente de que precisava ter o domínio das situações para se sentir seguro ou feliz.

A tenacidade com que havia se prendido a essas convicções, de forma inconsciente, só conseguiu ser enfraquecida por uma complexa operação que colocava em colapso todas as estratégias que estava acostumado a usar para dominar, controlar e manipular as situações. Precisava entender que nem tudo pode ser do jeito que queremos, e que nem sempre o jeito que queremos é o melhor jeito. Muitas vezes, as coisas fogem ao nosso controle como sinal de que não sabemos tudo, ou, pior ainda, de que nem sempre o que achamos melhor é, de fato, o melhor para nós ou para os outros. As crises de pânico, nas quais experimentava completa falta de controle, serviam para conscientizá-lo de que não conseguimos dominar a vida totalmente. O pânico era o sinal mais eficaz de contestação e confronto com essa realidade íntima, com essa forma especial com que esse indivíduo vinha lidando com a vida, exortando-o a transformá-la em tolerância, paciência e brandura.

CAPÍTULO 7

SOFRIMENTOS QUE VÊM DE FORA

Vamos procurar enfocar agora aquele tipo de sofrimento comumente relatado pelas pessoas como sendo causado por fatores externos. São as dores que sentimos e que parecem ser provocadas por outras pessoas ou acontecimentos externos da vida, sem dependerem de nós. Ainda temos grandes dificuldades em compreender todas as variáveis individuais, sociais e espirituais que determinam ocorrências dolorosas, principalmente quando envolvem outras pessoas, grupos familiares, tipos de trabalho que acabamos desenvolvendo na vida profissional, tipos de chefe e de subordinado, contingências sociais que impõem limitações e dificuldades, entre outras.

Dos diversos sofrimentos que parecem ser causados por fatores externos, vamos dar destaque aos causados pelos relacionamentos interpessoais e pelo processo de influência espiritual externa.

Iniciaremos com algumas reflexões que envolvem a percepção de sofrimento causado por outras pessoas nos relacionamentos interpessoais mais significativos do indivíduo, como as relações familiares e afetivas. Nosso objetivo é refletir sobre como essas situações também envolvem a responsabilidade pessoal e podem ser encaradas como "pedagógicas" no processo evolutivo do Espírito.

Depois abordaremos a participação do indivíduo no aparecimento e na manutenção da influência espiritual. É urgente o estudo do processo da obsessão, que tem sido considerado por muitos autores, espirituais e encarnados, um dos maiores flagelos que assolam a humanidade. Vamos abordar esse aspecto com base em nossa observação dos processos terapêuticos envolvendo a terapia de vida passada, quando identificamos essa influência obsessiva como um dos componentes dos processos patológicos tratados.

CONFLITOS FAMILIARES E AFETIVOS

Inúmeras pessoas procuram os processos terapêuticos ou algum tipo de ajuda por conta de problemas nos relacionamentos interpessoais, sendo que os conflitos familiares ou afetivos são os de maior ocorrência.

As dificuldades verificadas no trato com filhos difíceis, cônjuges violentos, em casamentos desarmonizados ou na convivência com os demais membros da família costumam trazer sensações de extremo desprazer e desconforto para os indivíduos. Questionados sobre a causa do seu sofrimento, sempre respondem apontando para "fora": o filho, o cônjuge, a família, a sogra, o genro etc.

Podemos atribuir essa tendência, de colocar no outro o motivo do nosso sofrimento, ao resultado de uma compreensão equivocada das funções da família na vida do ser humano. Sob uma nova concepção de homem, como a que utilizamos aqui, os conflitos em relacionamentos devem levar em consideração não só os fatores biológicos e sociais, mas, principalmente, os espirituais, que parecem influenciar os dois outros aspectos. A família, sob essa nova ótica, será considerada como "o grupo de espíritos normalmente necessitados, desajustados, em compromisso inadiável para a reparação, graças à contingência reencarnatória". Portanto, os espíritos reunidos no grupo familiar representam, também, um movimento natural da vida com a finalidade de promover o reequilíbrio dos indivíduos, mas, desta vez, no que toca às relações entre as pessoas. A reparação de que trata Joanna de Ângelis na citação acima só é possível, para cada um, a partir da proximidade com aqueles com os quais trazemos relações distorcidas ou inacabadas do passado.

O funcionamento do psiquismo, como apresentado anteriormente, também pode explicar a ocorrência do sofrimento, bem como a própria "atração" de espíritos que caracteriza a família.

A psicologia transpessoal moderna já descreve níveis de psiquismo em que o ser humano reconhece sua identificação e estreita ligação com toda a humanidade. Esse nível reflete a interação que cada um de nós tem com o Universo e os outros seres humanos. Portanto, todas as nossas ações repercutem não só na estrutura psíquica do próprio indivíduo, mas também na de todos os que sofrem as consequências desses atos. Essas marcas criam laços de afinidade ou animosidade que vão se refletir nas experiências posteriores de cada um. Parece que, por mecanismos bastante complexos, os processos reencarnatórios promovem a atração inevitável desses seres quando reúnem condições propícias para o reequilíbrio. Essa atração vai ser marcante nos processos de formação dos grupos familiares.

Em nossa experiência em TVP temos assistido e confirmado esse princípio de grande sabedoria da vida. Através da regressão de memória, as pessoas constatam sua estreita ligação e responsabilidade no tocante aos problemas de relações familiares atuais em atitudes e comportamentos de um passado distante. Muitas vezes, vão perceber-se repetindo histórias semelhantes com os mesmos protagonistas. Outras vezes, identificam a lógica da vida reaproximando para seu convívio seres que necessitam complementar histórias inacabadas ou que se desviaram de seus objetivos originais nas tramas do passado.

Aliás, muitas pessoas julgam que os encontros familiares se dão por um processo de escolha consciente ou programados por espíritos superiores. Parece, porém, que a maioria das reencarnações é movida por automatismos do psiquismo de profundidade do espírito imortal, refletindo afinidades e desajustes entre os seres, bem como por projetos de realizações necessárias ao aprimoramento individual e de grupos humanos maiores. Mesmo quando é programada com a ajuda de outros espíritos, a aproximação na família objetiva aparar arestas, promover os resgates necessários e corrigir imperfeições morais existentes no interior de cada um.

Parece que a formação desses grupos tem por finalidade experimentar o desenvolvimento das dimensões do sentimento no ser humano. A reencarnação acaba desencadeando os mecanismos de paixões cristalizadas no psiquismo individual, mas com estreito comprometimento com o outro. Da mesma forma, possibilita a reaproximação por afinidade de sentimentos sublimes que precisam ser ampliados. Muitas vezes, poderemos identificar que o sofrimento é experimentado por uma pessoa quando se vê diante de grandes experiências de dor ou desajuste vividas, na atual existência, por um ser amado. São os laços de afeto, por um lado, e a falta de entendimento da finalidade pedagógica do sofrimento, por outro, que mantêm o indivíduo fixado nesse sofrimento.

FILHOS PROBLEMÁTICOS

Os filhos problemáticos que trazem significativa carga de sofrimento talvez sejam os exemplos mais característicos desse processo.

A convivência com um filho que apresenta problemas, seja de desvio de comportamento, seja de saúde ou de características de uma personalidade forte, pode estar representando a reaproximação de dois ou mais seres que necessitam aprendizado.

Se identificamos nesses filhos antigos afetos, podemos estar diante de seres que se desviaram ao longo de outras jornadas, trazendo na atual existência os desafios do sofrimento reparador. Como a vida é de uma sabedoria inigualável, coloca-nos na companhia dessas pessoas como forma de estímulo, orientação e ajuda na superação desses desafios. Atraídos que fomos pelos laços do amor, temos a chance, por nossa parte, de desenvolver e aprender, com a experiência da dor alheia, a abnegação, a renúncia, a caridade e a perseverança, além da sabedoria pela compreensão da dinâmica da vida.

Se estamos, nesse reencontro, ao lado de desafetos do passado, os sofrimentos que provocam podem ser relacionados às nossas próprias ações do passado, exigindo reparação através de uma modificação de nossas atitudes e valores. Em outras oportunidades, podemos estar diante daqueles que sofreram os efeitos de nossas convicções do passado, convicções essas que, mesmo sem necessariamente terem tido uma intenção negativa, provocaram um desvio para caminhos distantes da verdadeira finalidade da vida. Podemos ter superado isso, transformando nossa atitude, mas alguns não conseguiram, por si sós, reerguer-se das quedas.

Em qualquer um desses casos, não podemos deixar de assumir a responsabilidade pessoal por nossas ações.

As experiências trazidas por dificuldades e sofrimentos da paternidade favorecem a dissolução de núcleos de sentimentos torturantes como o ódio, a vingança, a exploração etc., bem como oferecem a oportunidade de desenvolvimento de potencialidades adormecidas ou desviadas ao longo de nossa história. Para tal realização, concorrem harmonicamente os mecanismos da vida, trazendo na "fragilidade" da infância do espírito reencarnante a condição ideal para a influência positiva ou negativa por meio de exemplos.

Superar os sofrimentos "causados" pelos filhos evidencia o compromisso tanto de pais para com os filhos como destes para com os pais: desenvolver a educação, a reparação, a preparação, o apoio e a mudança de valores de ambos os lados. As principais armas são o amor, o exemplo e o diálogo.

CONFLITOS NAS RELAÇÕES AFETIVAS

Os conflitos resultantes da relação a dois também podem trazer grandes experiências de sofrimento, só que com uma característica diferente dos problemas com filhos. Na relação conjugal existe uma escolha voluntária consciente dos envolvidos.

Na escolha por um parceiro, os envolvidos aspiram à felicidade com a união, mas, muitas vezes, vão encontrar desavenças, desilusões e desenganos. Quando duas pessoas optam por se associar, a união deve ser presidida por uma grande afinidade aliada a uma abertura para o convívio com as diferenças individuais através da reformulação de costumes, interesses, opiniões e sentimentos da vida de solteiro. Quando não se dispõem a essa flexibilidade, acabam por causar desgastes e atritos na solução das situações do dia a dia.

Outro motivo na geração de conflitos conjugais está no próprio processo de escolha. Escolhas equivocadas são responsáveis por um número significativo de sofrimentos nas relações afetivas. Empurrados pelo nosso sistema de crenças e valores, somos levados a escolher, consciente ou inconscientemente, outros objetivos que não os da Lei do Amor. Os fatores relacionados à aparência acabam se sobrepondo aos da essência das pessoas em suas escolhas. Com o passar do tempo, no entanto, as relações passam a exigir, para sobreviverem, os atributos essenciais do respeito, da amizade, da cumplicidade e da renúncia – essas, talvez, as grandes lições que a Pedagogia do Sofrimento promove na experiência conflitiva dos relacionamentos a dois.

Por tratar-se de um processo pedagógico individual dentro da dinâmica das relações, muitas vezes a separação, tão comumente utilizada como solução para esses conflitos, levará apenas a uma transferência do problema para outra relação. As relações, portanto, estimulam o desenvolvimento de recursos para lidar com os processos dolorosos do ciúme, da possessividade, da exploração, da ingratidão, entre outros.

Podemos concluir que a aproximação em núcleos familiares propicia as condições ideais para a eclosão das paixões que precisam ser renovadas, bem como dos sentimentos sublimes que ampliam os horizontes do ser. Como afirma Joanna de Ângelis: "a família harmonizada permite que os dramas passionais trazidos das histórias individuais deem lugar à compreensão fraternal, à caridade recíproca, à paciência e à experiência do amor".[1]

A INFLUÊNCIA ESPIRITUAL EXTERNA QUE CAUSA SOFRIMENTO: O OBSESSOR

Quando consideramos os sofrimentos que aparentemente vêm de fora do indivíduo, sem sua participação direta, não podemos deixar de falar sobre as influências espirituais externas. Com base em uma concepção de homem que leva em conta o componente espiritual que sobrevive ao corpo físico e mantém, na condição de espírito, os principais atributos da existência, como pensamento, sentimento e memória, é natural pensar na possibilidade de interação dessas individualidades desencarnadas com o plano físico encarnado.

As influências obsessivas sempre foram objeto de estudo por parte da Doutrina Espírita, mas agora as pesquisas mais recentes da psicologia transpessoal já

---

[1] Joanna de Ângelis, psicografia de Divaldo P. Franco. José M. M. Souza (org.). *Joanna de Ângelis Responde*. Salvador (BA): Leal, 1999.

passam a considerar, mesmo que de modo acanhado, a participação de outras individualidades extracorpóreas nos processos patológicos dos seres humanos.

O problema que nos interessa no presente estudo é a tendência que observamos em muitos indivíduos de considerar essas influências como sendo externas a eles, não identificando nem refletindo sobre sua participação e responsabilidade pessoal no fenômeno obsessivo. Para pensarmos no papel pedagógico que esse sofrimento oferece ao ser humano, não vamos estudar as formas nem os tipos de obsessão, ou mesmo a terapêutica espírita de desobsessão, mas, tão somente, refletir sobre os fatores pessoais – normalmente provenientes de experiências de vida passada cristalizadas no psiquismo de profundidade do próprio indivíduo – confrontados com base no processo obsessivo. Portanto, focalizaremos o aprendizado que a influência espiritual externa exige do obsidiado para sua superação.

O QUE É OBSESSÃO?

A possibilidade de influência por parte de seres desencarnados, ou espíritos, é uma das bases da Doutrina Espírita. A partir da consideração da realidade da vida espiritual, da existência dos espíritos e da possibilidade de comunicação desses espíritos, a influência na vida do encarnado torna-se uma possibilidade de explicação para diversos fenômenos e acontecimentos do dia a dia. Quando essa influência provoca, intencionalmente ou não, alguma forma de embaraço ou sofrimento ao indivíduo encarnado, identificaremos o processo chamado obsessivo. Segundo a definição dos próprios espíritos:

> [A obsessão] é a ação persistente que um Espírito mau exerce sobre um indivíduo. Apresenta caracteres muito diversos, desde a simples influência moral, sem perceptíveis sinais exteriores, até a perturbação completa do organismo e das faculdades mentais.[2]

Na maioria das vezes, o motivo que leva esse "Espírito mau" a promover tal influência reside nas histórias do passado que envolvem ambos os participantes de hoje, obsessor e obsidiado, só que, comumente, em papéis opostos aos verificados hoje em dia. Portanto, observa-se um projeto de vingança levado adiante pelo obsessor em função de males e dores cometidos pelo obsidiado no passado.

Infelizmente, muitas pessoas acabam por não considerar a obsessão um reencontro entre almas em desalinho moral. Algumas julgam-se submetidas a obsessões circunstanciais ou ocasionais, ou seja, aquelas que ocorrem quando sintonizamos em uma determinada situação ou local uma mente infeliz ou desajustada para permitir ajuda ao obsessor. Não queremos descartar a existência desse tipo de influência; pelo contrário, comprovamos que essa é uma ocorrência bastante comum. Entretanto, ao investigarmos os

---

[2] *O Evangelho segundo o Espiritismo*, cap. 28, item 81; *A Gênese*, cap. XIV, itens 45 a 49.

componentes obsessivos associados a qualquer processo que envolva um sofrimento mais grave, vamos encontrar, invariavelmente, a participação do desafeto com o qual convivemos e interagimos de maneira desequilibrada no passado.

Nossa experiência em TVP tem demonstrado que os processos de sofrimento, seja ele físico, mental ou social, quando possui o componente espiritual externo, apresentam vinculações nos registros comuns que ambos, obsessor e obsidiado, trazem nos respectivos psiquismos.

AS DIVERSAS FORMAS DE INFLUÊNCIA ESPIRITUAL

Outro ponto importante que gostaríamos de destacar vem da definição de *obsessão* apresentada anteriormente. Apesar de ter se preocupado, principalmente em *O Livro dos Médiuns*, com três tipos básicos de obsessão – simples, fascinação e subjugação –, Kardec deixa claro, nesse ponto, que o processo obsessivo pode ter inúmeras formas de manifestação. Quando afirma que essa influência pode ser "desde a simples influência moral" até a "perturbação completa do organismo e das faculdades mentais", estabelece um espectro de possibilidades em que os dois pontos citados são seus extremos.

A simples influência moral se verifica naqueles momentos em que precisamos definir se o que julgamos é certo ou errado, para tomar uma posição, e acabamos sendo levados por pensamentos que desviam nosso comportamento do caminho do equilíbrio ou da justiça.

Em muitos casos, essa influência, sutil a princípio, pode levar a uma verdadeira desestruturação da organização física ou psíquica, provocando ou agravando doenças já existentes, ou que existiam em estado latente, na estrutura perispiritual do indivíduo. Uma diversidade de quadros patológicos e, principalmente, psicopatológicos, que são acompanhados por exaltação de paixões e desregramentos de pensamento, sentimento ou sensações, têm um importante componente obsessivo. Parece que o obsessor se aproveita de sua condição de desencarnado para, com mais facilidade, identificar os pontos fracos de sua vítima, utilizando os caminhos da própria sensibilidade mediúnica do obsidiado para induzi-lo ao sofrimento. Como todos teríamos algum tipo – e em diversos níveis de manifestação – de faculdade medianímica, o obsessor estimularia as marcas que trazemos no perispírito ou em nossa conduta para nos levar ao desajuste e, consequentemente, ao sofrimento, seu objetivo último.

O QUE REALMENTE CAUSA A OBSESSÃO?

O problema desse raciocínio está na ênfase exclusiva que podemos dar ao processo externo perpetrado pelo obsessor à sua vítima. Em muitos pontos da Doutrina Espírita, esse aspecto é reforçado, como no *Evangelho segundo o Espiritismo*, Capítulo XXVIII, item 81, em que os espíritos afirmam que, "[...] para garantir a libertação, cumpre induzir o Espírito perverso a renunciar aos seus maus desígnios; fazer com que nele despontem o arrependimento e o desejo do bem [...]". Uma leitura desatenta poderia nos levar a uma precipitada conclusão de que o mais importante seria o tratamento do obsessor, apenas. É verdade que, quando enfocamos o obsessor, é de fundamental importância levá-lo a perceber o desequilíbrio de seus propósitos; conscientizá-lo da inutilidade de seu projeto, já que resulta em maior gama de sofrimentos para si mesmo.

Parece-nos natural que muito se tenha escrito, na literatura espírita, sobre os processos desobsessivos e todos os seus desdobramentos, já que a observação dos diversos fenômenos mediúnicos permitiu aos espíritas desenvolverem toda uma terapêutica própria destinada ao esclarecimento e à orientação do espírito obsessor. A identificação da participação desse componente espiritual obsessivo em diversas doenças físicas e mentais é outra contribuição importante a que a ciência, no futuro, terá que fazer justiça. Entretanto, há que se distinguir as coisas. Não podemos resumir o complexo quadro obsessivo à ação do obsessor, sem considerar a participação do obsidiado.

Precisamos estar atentos para evitar que nossa preocupação se concentre, apenas, na atuação do desencarnado, na maneira de levá-lo a renunciar aos seus propósitos de vingança, fazendo-o reconhecer a necessidade de mudança de atitude etc. Se descuidarmos da reflexão sobre esse ponto, podemos ser levados à conclusão de que o sofrimento causado nesses casos vem de fora, isto é, da ação do obsessor. Logo, se o obsessor é a causa, ao "retirarmos" essa causa, eliminamos os efeitos. Ficamos esperando, então, os resultados do trabalho que também vem de fora: a reunião de desobsessão, o exorcismo, o passe dispersivo ou o banho disso ou daquilo. A reunião de desobsessão é importante para o obsessor, que pode ser ajudado, e para o obsidiado, que pode ganhar tempo e uma espécie de trégua para a própria transformação. Muitas vezes esquecemos que *só existe obsessão porque existem obsidiados*. Com isso queremos dizer que a causa do sofrimento vivido no processo obsessivo também repousa nas responsabilidades do próprio obsidiado. Daí a importância de, ao identificarmos as verdadeiras causas desses processos, podermos tirar lições da Pedagogia do Sofrimento.

Parece que a verdadeira causa da obsessão está na imperfeição moral que o indivíduo encarnado ainda teima em manter na vida. A sintonia psíquica que predispõe o obsidiado à ação do obsessor ocorre a partir da semelhança de padrões de atitude, valores inferiores, sentimentos desequilibrados ou comportamentos desviados que o agressor de hoje encontra na vítima encarnada. Poderíamos dizer que o obsessor reconhece, no encarnado de hoje, os traços do seu algoz de uma vida passada, iniciando a perseguição com a qual pretende reestabelecer a justiça.

SÓ EXISTE OBSESSÃO PORQUE EXISTE OBSIDIADO

Como vimos no Capítulo 4, o funcionamento do psiquismo está marcado por influências provenientes de experiências de nossas vidas passadas. Quando buscamos entender o processo de influência espiritual, precisamos considerar a dinâmica psíquica que ocorre com os dois envolvidos. O que constatamos em nossas observações é que existe uma ligação vigorosa entre pessoas que participaram de qualquer ação que resultou em vivência de sentimentos ou dores intensas, por exemplo, ódio, medo, dores físicas, morte, abandonos, constrangimentos, vergonha, humilhações, torturas, traições etc.

Quando estamos encarnados em uma existência, interagimos com o meio circundante conforme nosso sistema de crenças e valores. Nossa ação está baseada nos princípios que compartilhamos naquele momento da existência e, com isso, determinando a qualidade de nosso comportamento. Consideramos *meio circundante* todo o conjunto de pessoas com as quais agimos mutuamente, com ou sem laços afetivos mais estreitos, a sociedade, a cultura, o meio ambiente etc. Ao agirmos de determinada maneira, estamos provocando nos outros uma reação produzida por nossa ação inicial e vice-versa. Portanto, quando sofremos ações nefastas ou dolorosas do meio, tendemos a cristalizar marcas que contêm os traumas de sofrimentos vivenciados e que vão influenciar uma série de comportamentos futuros naquela ou em futuras existências. Porém, as nossas ações que causam sofrimentos e dores nos outros também vão deixar marcas traumáticas na estrutura psíquica deles. Por efeito de um mecanismo que poderíamos associar ao que se chama Justiça Divina, existe uma vinculação necessária entre cada ação e sua reação correspondente. A responsabilidade pessoal pelas ações passa então a responder por todo e qualquer tipo de reação levada a termo, tanto as boas como as más.

A psicologia transpessoal já tem identificado níveis de consciência em que essa vinculação entre indivíduo e natureza, entre indivíduo e sociedade e, principalmente, entre indivíduo e outros indivíduos fica bem explícita – de tal modo, que uma ação que leve ao desequilíbrio de uma dessas dimensões da vida resulta na necessidade de uma ação de reequilíbrio por parte do indivíduo. Como todas essas dimensões estão ligadas entre si, o próprio indivíduo tende a sentir os efeitos negativos de suas ações anteriores como forma de conscientização e reparação.

Mecanismo semelhante ocorre entre obsessor e obsidiado. Muitas vezes, por não ter atendido aos estímulos espontâneos ao progresso pessoal, o indivíduo se vê movido pelos mesmos valores desajustados de antes. Ao repetir, na vida atual, os mesmos padrões de conduta e valores do passado, o indivíduo traz para si a possibilidade de ser identificado por aqueles com os quais tem vínculos. A partir da identificação do seu antigo algoz, por parte do obsessor que ainda não superou os efeitos da dor sofrida, reacendem-se feridas, cicatrizes que não foram totalmente tratadas com o lenitivo do perdão e da compreensão, emergindo do psiquismo as lembranças das atrocidades sofridas. A indignação e a oportunidade oferecem ao obsessor uma chance de fazer justiça com as próprias mãos.

O processo pode se iniciar com um sutil envolvimento hipnótico que atua nas imperfeições do psiquismo do obsidiado, em seus valores negativos, traumas e crenças, levando o obsessor a um crescente domínio, que pode chegar aos quadros mais extremos de influenciação, com consequências físicas ou psíquicas importantes.

Dentro da TVP chamamos de "presença" o desafeto do passado que atua no psiquismo do encarnado, causando algum tipo de sofrimento. No trabalho terapêutico, constatamos que o início desse processo de influência das "presenças" pode dar-se a partir de algum episódio significativo ao longo da vida atual do indivíduo encarnado: um trauma, um comportamento desajustado ou extravagante etc. Outras vezes, esse assédio pode começar na vida intrauterina, trazendo desde essa época as tentativas de envolvimento negativo, de várias formas. Em alguns casos, esse processo se arrasta desde muitas existências atrás...

Como exemplo, posso citar o caso de um cliente que procurou a terapia por uma séria dificuldade no relacionamento com seu filho, hoje com 22 anos, adotado ainda bebê. Tinham uma vivência tumultuada por um sentimento ambíguo de amor e ódio, levando ao sofrimento de ambos. Colocado em regressão, nosso cliente identificou claramente a influência de uma "presença"

– uma mulher, que demonstrava intenso ódio e dizia não descansar enquanto não destruísse sua vida familiar. Conta, então, uma triste história em que nosso cliente, no passado um homem rude e ambicioso, sequestra o filho menor dessa mulher visando trocá-lo por vantagens financeiras de vulto. Um problema no acordo para o pagamento do resgate leva nosso cliente a desaparecer com a criança, fazendo com que a mãe passasse por extremos sofrimentos com a tragédia. A situação culmina com a morte dela por uma doença grave, depois de longo período de extremo abatimento. Desencarnada, a mulher identifica o seu algoz, passando a persegui-lo.

Nosso cliente fica impressionado com a indiferença com que tratara aquela questão à época. Ao se conscientizar, hoje, da sua participação na dor daquela mulher, pede perdão a quem fizera sofrer tanto, muito emocionado.

Buscando ampliar a compreensão do cliente quanto ao processo que se desenrolava na minha frente, pedi ao seu inconsciente que identificasse o momento em que se iniciara, na vida atual, essa influenciação. Imediatamente nosso cliente lembra-se do momento – há 21 anos – em que recebeu a ligação telefônica de uma tia, avisando ter encontrado um menino para a adoção, como ele e a esposa pretendiam. Recorda-se como, naquele momento, teve uma reação desagradável, envolvido por uma grande dúvida sobre se deveria concordar com essa que seria a segunda adoção do casal. A influência se tornou explícita a partir desse ponto.

Pôde identificar claramente, naquela sessão, que o menino que recebera para adotar era o filho da mulher que o influenciava atualmente. Necessitava desenvolver a capacidade de amar espontaneamente aquele a quem havia prejudicado ontem, devendo assumir a orientação e o encaminhamento, na vida atual, daquela criança a quem, no passado, determinara um "destino" de sofrimento e provações.

É certo que a emergência desses conteúdos, fixados no psiquismo, resultam da moral deplorável que mantivemos desde os crimes e males cometidos, fatos que podem ter passado desapercebidos pela lei e regras da sociedade da época, mas que não conseguem se esconder dos imperativos da consciência dos envolvidos. *Só existe obsessão porque existe obsidiado.* É na consciência de culpa, insculpida no psiquismo do obsidiado, que está a matriz do processo obsessivo. A necessidade de confrontação com esses valores armazenados e mantidos na forma de atuação do indivíduo é que o predispõe à influência espiritual. Como diz Kardec em *O Livro dos Médiuns*, no item 252: "[...] as imperfeições morais dão azo à ação dos Espíritos obsessores".

São, portanto, as imperfeições morais que ainda trazemos na forma de agir e nos comportar, e o conjunto de valores que ainda procuramos preservar, a despeito das mudanças de contexto que a vida nos inseriu, que nos ligam aos obsessores. Muitos clientes perguntam se é possível que essa influência ocorra depois de tantos séculos, após encarnações em que ambos, vítima e agressor, podem ter mudado etc. Costumo responder a essa questão com dois pontos. O primeiro, perguntando ao cliente se ele costuma desculpar facilmente as ingratidões e injustiças que sofre ou se pede desculpas quando comete algum erro. Na maioria das vezes, somos melindrados ao extremo; não queremos reconhecer nosso engano e pedir desculpas. Acabamos associando as desculpas a demonstração de fraqueza, perda de poder ou prestígio, humilhação etc. Imagine nossa reação diante de alguém que nos roube algo valioso, cause violência ou agressão a um filho querido ou cause prejuízos financeiros ou aos nossos interesses? Quantos de nós ainda não defendem a pena de morte do corpo físico como forma ideal de punição para crimes?

O segundo argumento que uso diz respeito a mudança. Com certeza, temos mudado muito ao longo das vidas sucessivas, mas apenas de corpo e de condição social, ou de sexo. Os valores, os sentimentos, as crenças etc. continuam os mesmos...

"OBSIDIADO, EU? IMPOSSÍVEL!"

O homem que nos procurara queria tratar uma dor nos ombros que persistia há vários anos. Já havia procurado inúmeros especialistas na busca de uma solução para o seu mal, passando por vários tipos de tratamento médico, alternativos e espirituais, sem sucesso. Na maioria das vezes, havia certa melhora por algum tempo, para depois retornarem as dores com a mesma intensidade. Recorria à terapia de vida passada com alguma relutância, pois, sendo espírita, não tinha certeza de poder utilizar a regressão de memória como instrumento terapêutico. Era espírita há trinta anos, participava de reuniões mediúnicas há mais ou menos vinte anos, compreendendo bem o mecanismo da reencarnação e todas as injunções do sofrimento.

Depois de um período em que pudemos realizar um detalhado levantamento dos principais fatos e experiências de sua vida atual, explicamos todo o processo da terapia de vida passada, incluindo a possibilidade de nos depararmos com o que chamamos "presenças" – como já dito, nossos desafetos do passado que ainda podem estar interagindo com nosso psiquismo. O cliente retrucou:

– Obsidiado, eu? Impossível – e relatou uma série de atividades que exercia no seu Centro Espírita, descartando, sistematicamente, essa possibilidade.

Na primeira regressão que realizamos, observamos que estávamos diante de um cliente com muita facilidade para entrar em um estado ampliado de consciência. Logo de início, ele começou a relatar que estava vendo um homem. Pedi que o descrevesse, julgando que ele estivesse se recordando de algum personagem seu de uma vida passada. Descreveu-o como um homem magro, maltrapilho, de cabelos desgrenhados e olhar injetado de ódio. Perguntei como era o local onde esse homem se encontrava, ao que o cliente respondeu:

– Aqui! – e apontava para o seu lado esquerdo, como se o homem estivesse bem próximo de seu rosto.

Era uma "presença"!

Como nosso objetivo, durante o processo regressivo, não é atender a "presença", começamos a dar condições para o cliente conhecer o conteúdo da história daquele passado que envolvia os dois.

Tinham sido amigos de longa data, mesmo com as diferenças significativas de condição social. Nosso cliente, na época, pertencia a importante família tradicional nos negócios de comércio exterior e casas bancárias. Seu amigo, filho de artífices, vivia com simplicidade, mas começava a estruturar sua vida com um modesto comércio de aves e pequenos animais que vendia na vila. Eram grandes amigos, até o dia em que se interessaram pela mesma mulher. Jovem atraente e humilde, ela acaba preferindo o outro pretendente, deixando nosso cliente transtornado. Como ela podia ter deixado de escolhê-lo? Era mais bonito, rico, importante, e poderia oferecer-lhe tudo quanto quisesse. Nosso cliente não tolera a humilhação, e o ódio lhe consome os dias.

Passa então a usar toda a sua influência durante alguns anos para acabar com a vida do rival. Consegue provocar a perda da criação de animais por um incêndio "misterioso", manda saquear o estabelecimento e compra todas as suas notas promissórias, executando-o na justiça, a partir do não pagamento nas datas acordadas. O rival perde tudo, enquanto nosso cliente age implacavelmente. Falido, é preso e condenado a anos de prisão, assistindo, à distância, a decadência de sua família, que passa pela miséria e pela fome. Não suportando tudo aquilo, a "presença" suicida-se na prisão. Desencarnado, descobre toda a trama do nosso cliente. Assiste, com muito ódio, ao personagem do cliente assediando a mulher desejada desde a juventude. Ela não aceita os favores dele e vem a morrer depois de passar por muitas necessidades, para maior desespero e desejo de vingança da "presença".

Liberto do corpo físico, persegue o antigo amigo e traidor, intermitentemente, procurando atormentá-lo em suas ações, seus negócios e durante o sono. Não podia admitir o orgulho e a crueldade do antigo rival. Não o perdoava por ter provocado sua ruína e morte, além de ter deixado sua família morrer após os sofrimentos da fome e do abandono.

Hoje, levado a entender que o antigo rival desencarnado ainda era movido pelos propósitos de vingança e revide, ao estimular a dor de seu corpo físico da presente encarnação, nosso cliente não admite sua responsabilidade no sofrimento da "presença", alegando que não tinha conhecimentos espirituais naquela época, que era ignorante e que tudo o que fez foi para sobreviver com dignidade. Nosso cliente não aproveitava a oportunidade para se desculpar com sua vítima de ontem.

Ao terminar a sessão, perguntou-me se não havia algo de errado nessa história: ele tinha uma vida de trinta anos ligando-o ao Espiritismo, com vinte anos de trabalho de desobsessão na mesa mediúnica, e nunca havia presenciado o atendimento a esse "irmão"...

Na sessão seguinte, quinze dias depois, o cliente voltou impressionado. Durante a primeira reunião mediúnica depois da regressão, um médium psicofônico passou a dar a comunicação de uma entidade em grande desequilíbrio, contando exatamente aquela história. Sim, a sua história! Era a "presença" que se apresentava. O cliente nos disse que ficou o tempo todo preocupado em ser identificado pela "presença" como o autor das atrocidades que o espírito relatava, o que não ocorreu. Perguntou-me, então, o que poderia estar acontecendo.

Expliquei a ele que, na verdade, talvez somente agora, depois de anos de trabalho junto aos desencarnados, ele pudesse estar mais brando de coração para aceitar a responsabilidade de suas ações, que tinham prejudicado outros seres, e a necessidade de se desculpar. O fato de ser espírita ajudava muito para que essa ação obsessiva fosse mais branda, mas não eliminava a necessidade de reparação do que tinha sido feito nem do arrependimento sincero diante do sofrimento causado por conta do orgulho ferido e do egoísmo.

Na verdade, nosso cliente pôde, a partir daí, observar que ainda hoje era vaidoso e egoísta em várias outras situações. Esses padrões com que ainda agia na vida, mesmo mais brandos, identificavam-no com seu personagem do passado. Pôde perceber que a "presença", movida pelo ódio, provocava a dor nos seus ombros porque conseguia estimular cicatrizes perispirituais que o cliente trazia de outras experiências, nas quais havia sido torturado naquela região até a morte. Mas era a manutenção do caráter egoísta e orgulhoso do passado que favorecia essa influência.

Em uma de suas últimas sessões, já bem melhor das dores que o haviam levado ao consultório, conseguiu lembrar-se de outra vivência em que também convivera com aquela "presença", mas na condição de irmãos. Nesse instante, tocado de profunda emoção, e reconhecendo, na pele, as tramas da vida, pediu perdão, sinceramente, ao seu antigo desafeto, iniciando um grande processo de harmonização da mente de ambos. O processo de influência com repercussões físicas havia permitido a conscientização dos traços de caráter que ele ainda mantinha na vida atual e que precisavam de transformação. Essa a lição da vida que pedia aprendizado urgente...

"ALGUÉM ME OBSERVA CONSTANTEMENTE!"

Aquele médico, cirurgião respeitado e competente, relutara muito em nos procurar para falar do seu problema. Tinha procurado esconder de todos as sensações que vinha sentindo: um medo enorme, como se algo terrível fosse acontecer a qualquer momento. Quando dirigia seu automóvel, tinha a sensação de que alguém o observava do banco de trás, e o pensamento de que iria sofrer um acidente o atormentava. Nessas horas, sofria com inexplicável taquicardia, tontura e náuseas. As reações do medo começaram a afetar seu trabalho, sua grande fonte de satisfação e de projeção social na vida. Era conhecido por sua perícia e também pelos altos honorários cobrados pelos seus serviços. Ouvira falar sobre influência espiritual, mas julgava esse assunto fator da ingenuidade dos crédulos, algo que ele, homem de ciência, não podia admitir.

Sendo ele muito racional e inteligente, dediquei algumas sessões para lhe explicar, cientificamente, o processo da TVP, da reencarnação e da própria possibilidade de influência externa das "presenças". Ao final ele exclamou:

– Faz sentido.

Durante o processo terapêutico, ele vivenciou, para sua surpresa, algumas experiências com "presenças". Em uma delas, viu-se assediado por um grupo de homens que reclamava de sua ação violenta como comandante de um batalhão de soldados romanos. Levava a tropa com mão de ferro, não admitindo nenhum tipo de contrariedade às suas ordens e punindo com rigor a indisciplina. Tinha, com isso, adquirido muitos inimigos, que se ocultavam por temerem pela própria vida.

Em uma oportunidade, um informante deu conta de um possível motim nas suas hostes, levando-o a ficar transtornado diante da possibilidade de ser traído ou enganado. Promoveu verdadeira "caça às bruxas", condenando e executando punições exemplares de vários suspeitos, até encontrar os culpados. Após algumas mortes, descobriu que as informações sobre o motim eram apenas boatos sem fundamento, porém, para não perder o controle nem a imagem, alegou serem verdadeiras as acusações e que os punidos com a morte eram os verdadeiros culpados.

Confrontado, agora, com as consequências de seus atos, percebia o ódio despertado naqueles homens inocentes, que tinham pagado com suas vidas para que ele não voltasse atrás em suas decisões, temendo perder o poder e o domínio sobre seus homens.

Ao relatarem os grandes sofrimentos pelos quais tinham passado, aqueles homens que nosso cliente visualizava no meu consultório, depois de séculos de perseguição, confirmaram estar ainda ligados a ele, pois seus valores não haviam mudado em quase nada. Continuava dominador e orgulhoso como antes, não admitindo perder a pose em nenhuma circunstância da vida. Ficava indiferente diante dos pedidos de necessitados de seus serviços profissionais que não pudessem remunerá-lo nos valores estipulados, além de jamais reconhecer quando cometia algum engano, em virtude do seu conhecido orgulho e vaidade.

Levado naquele momento da regressão a refletir sobre sua responsabilidade no sofrimento daqueles homens, o médico inteligente de hoje tentou argumentar dizendo que, naquela época, naquele contexto sociocultural, agir assim era normal, procurando assim justificar-se. Diante disso, alertei-o sobre aquele mecanismo de fuga da responsabilidade que seu próprio inconsciente cobrava: se agir assim era natural em alguns contextos socioculturais ao longo dos tempos, morrer daquela forma era um grande sofrimento em qualquer época da história.

Tocado, pediu perdão aos seus algozes, que se retiraram, cansados de tentar levar adiante o processo de justiça pelas próprias mãos que tinham encetado.

Em outra regressão, nosso médico pôde perceber em um período entre vidas, no plano espiritual, antes de sua atual existência, a escolha pela profissão de cirurgião, na qual poderia sublimar a agressividade de outrora no manuseio do bisturi que salva, além de ter a chance de promover diversas ações caritativas que dariam continuidade ao seu processo de humanização e abrandamento do egoísmo.

Ao chegar à alta terapêutica, nosso cliente estava modificado. Tinha se dado conta da realidade da vida espiritual e da reencarnação. Tinha se conscientizado dos padrões que o predispunham a novas quedas e, agora, sabia o que precisava melhorar em seu caráter, ficando atento a todas as vezes em que recaísse. Pôde descobrir o caminho da caridade como grande instrumento de tranquilidade e verdadeira alegria íntima. Percebeu que a influência espiritual a que estivera sujeito identificava nele uma capacidade mediúnica considerável que poderia ser educada e colocada a serviço dos outros. Utilizava de forma equilibrada os aspectos positivos daqueles seus personagens, como a determinação e a liderança, só que agora a serviço de outros objetivos que não apenas os de sua projeção social.

RENOVAÇÃO DO CARÁTER, REPARAÇÃO E PERDÃO NA CURA DA OBSESSÃO

Podemos concluir, portanto, que o sofrimento causado pelo processo de influência espiritual externa tem suas origens no próprio indivíduo, e não no espírito desencarnado. É a manutenção de valores e crenças do passado que possibilita tanto a identificação, pelo obsessor, de seu algoz do passado quanto oferece as "brechas" por onde a influência espiritual pode executar seus projetos de revide. Conforme o tipo e a intensidade do potencial mediúnico do indivíduo, se verificará um quadro obsessivo diferente.

Essas reflexões nos levam à conclusão de que, no processo obsessivo, não adianta apenas o trabalho de esclarecimento do desencarnado se o encarnado não transformar os traços negativos de caráter que o prendem à situação passada. Como diz Manoel Philomeno de Miranda: "Só a radical mudança de comportamento do obsidiado resolve, em definitivo, o problema da obsessão".[3]

O sofrimento experimentado pelo processo de influência das "presenças" também representa uma grande experiência de aprendizado, pela possibilidade de o indivíduo encarnado se confrontar com as consequências de suas atitudes, permitindo uma reavaliação de seus propósitos e podendo, sob uma nova perspectiva, identificar o nível de sofrimento causado em outras pessoas. Quando estamos movidos por um novo sentimento, uma nova consciência do sentido da existência, a reparação com nossos desafetos parece um movimento natural e lógico. Só que a reparação se inicia com o reconhecimento do erro. A influência obsessiva nos leva, necessariamente, a desenvolver nossa capacidade de lidar com o perdão – o perdão que se pede diante da constatação das dores provocadas. Um perdão sem culpa, que aprisiona, mas com responsabilidade e compreensão, que conduzem à

---

[3] Manoel Philomeno de Miranda, psicografia de Divaldo P. Franco. *Painéis da Obsessão*. Salvador (BA): Alvorada, 1983, pp. 8 e 9.

reparação necessária. Também é o perdão que precisamos desenvolver para os nossos perseguidores de hoje, por entendermos seus motivos – por muitos dos quais, nós, ainda hoje, promoveríamos reações ainda piores –, e para nós mesmos, o auto perdão, por reconhecermos nossas limitações anteriores que se repetem como metas de transformação futura.

Para chegar a esse ponto, é preciso todo um percurso de reflexão sobre nós mesmos. O aprendizado sincero do perdão se dá a partir de uma conscientização desses traços negativos de caráter, que procuramos manter a despeito de trazerem grandes desequilíbrios. Quando nos deparamos, ainda hoje, desejosos de ter o domínio sobre as situações e as pessoas, querendo manter o poder de determinar todas as coisas na vida ou reagindo agressivamente quando somos contrariados, percebemos, mais facilmente, como mudamos muito pouco. O sofrimento causado pela influência do nosso cobrador faz com que nos curvemos, muitas vezes compulsoriamente, diante de uma realidade dura, mas justa: ou abrandamos nossos traços de caráter antigos, ou continuaremos a sofrer a influência obsessiva.

A transformação de valores que leva à cura do indivíduo se dará quando já se refletir no comportamento. Por isso, o maior e melhor remédio é uma mudança radical e sincera em sua conduta. Somente uma proposta de *desenvolvimento de hábitos de higiene moral e social* pode levar à cura desejada.

A mudança de conduta promove uma transformação em vários aspectos. O primeiro deles é em relação à "presença". Na medida em que o indivíduo encarnado se conscientiza de suas responsabilidades e inicia sua transformação, prova ao seu desafeto a eficiência das novas diretrizes, levando-o, também, à transformação. Pela justiça e equilíbrio da sua vida, aquele que no passado foi o agente do sofrimento da "presença" pode ser, hoje, o agente da sua transformação.

O outro aspecto é em relação a si mesmo. A transformação costuma levar a uma mudança nos propósitos de vida. O desenvolvimento de novos valores leva à constatação da necessidade de certo devotamento ao bem e à harmonia. O trabalho no bem promove um desligamento natural dos laços do egoísmo do passado, quando passamos a nos preocupar com as necessidades dos outros e não somente com as nossas. Ao estarmos preocupados com a causa dos semelhantes, desvinculamo-nos dos elos obsessivos, deixando para trás as histórias de erros e excessos.

CAPÍTULO 8

OS PEQUENOS SOFRIMENTOS DO DIA A DIA

Pelo modelo do psiquismo e da dinâmica espiritual que utilizamos, vimos que os sofrimentos da vida atual têm sua origem nos desequilíbrios produzidos a partir de comportamentos, atitudes e valores mantidos pelo indivíduo desde suas vidas passadas.

Vimos, também, e essa é nossa tese principal, que, ao retornarem à zona consciencial através do processo da reencarnação, esses desequilíbrios resultam da emergência dos conteúdos que necessitam ser harmonizados para garantir maior estabilidade do todo psíquico. Portanto, cada sofrimento traz certa soma de características fundamentais para o aprimoramento do espírito, ou seja, cada sofrimento representa a oportunidade de aprendizado necessário para a evolução do ser. Quanto mais significativo for o conteúdo de vida passada, maior será a marca provocada no perispírito. Enquanto o indivíduo mantiver a configuração do sistema de crenças e valores, que orienta sua conduta desde aqueles tempos, permanecem os efeitos nefastos desses registros.

Segundo esse raciocínio, se a Pedagogia do Sofrimento explica a origem e a manutenção dos grandes sofrimentos que assolam a humanidade, como vimos nos problemas físicos, psicológicos e sociais importantes, também deverá explicar os de pequena intensidade, verificados no dia a dia.

Apesar de não trazerem, necessariamente, grandes marcas perispirituais, os pequenos sofrimentos representam um reflexo de valores e crenças ainda compartilhados inconscientemente pelo indivíduo, resultando em uma tendência a certos comportamentos, reações e sensações diante de determinadas circunstâncias, sentimentos desajustados, pensamentos inadequados e distorcidos, que são percebidos como pequenos sofrimentos ou dores.

A experiência dolorosa dessas situações está relacionada à vivência de sensações físicas, como as observadas nos quadros de angústia e ansiedade, e a emoções distorcidas, como medo, irritação, mágoa, inveja, impaciência, intolerância, mau humor ou insegurança. A observação desses sofrimentos indica, também, que existem valores e crenças mantidos pelo espírito que necessitam ser modificados nas atitudes de hoje.

Diferentemente dos grandes sofrimentos, de modo geral, todos nós somos visitados, em algum momento da atual existência, por um desses pequenos – que às vezes se transformam em grandes – problemas do dia a dia. Destacamos alguns dos mais comuns, procurando responder à questão: Quais são as lições que os pequenos sofrimentos do dia a dia nos proporcionam no processo de aprendizado do espírito?

IRRITAÇÃO

Dentre esses pequenos sofrimentos do dia a dia, destacaremos, inicialmente, a irritação. Quantas vezes nos pegamos durante o dia envolvidos pela irritação?

O mundo moderno tem se caracterizado por uma exacerbação das experiências de angústia, ansiedade, insegurança, doenças psicossomáticas etc. As solicitações no mundo ocidental por sucesso material e profissional, projeção social, reconhecimento e valorização acabam por acarretar, na maioria dos indivíduos, situações estressantes que desafiam a estabilidade da saúde física e psicológica.

Várias situações são vivenciadas acompanhadas por reflexos nefastos da irritação: problemas do trânsito da cidade grande; filas intermináveis; demora em conseguir o que queremos; a sensação de estarmos sendo prejudicados pelo atraso ou descaso das pessoas; a incompetência; a insatisfação pelos serviços mal prestados etc.

As filas nos bancos são um bom exemplo do que queremos mostrar. Vivemos correndo, temos pouco tempo para muitas necessidades, e queremos aproveitar todas as oportunidades que nos possam levar a conquistas e realizações. No dia a dia atribulado e corrido, acabamos deixando pouco ou nenhum tempo para o almoço. E ainda deixamos para ir ao banco nesse curto intervalo.

Chegamos esbaforidos e, quando passamos pelas portas de segurança, que sempre parecem andar mais devagar do que nós, deparamo-nos com aquele quadro: banco lotado, filas em caracol, vozerio etc. Entramos na fila do caixa automático, que, a princípio, pretende diminuir o tempo de permanência do cliente na agência. A fila que escolhemos como sendo a mais rápida acaba quase sempre tendo alguém que não sabe operar o caixa automático. A pessoa enfia o cartão, mas esquece a senha. Tira o cartão. Enfia novamente o cartão, tira o papel do bolso com os números da senha. Digita, mas o tempo de operação se encerra, devolvendo o cartão. As pessoas da fila começam a manifestar o que chamo de "efeito pêndulo-muxoxo". Inclinam-se para um lado e para o outro, buscando identificar o que acontece lá na frente. Iniciam-se sonoros muxoxos. Olhamos várias vezes para o relógio, que, impassível, percorre os segundos e minutos incessantemente. Alguém chama o funcionário do banco, procurando ajuda para o usuário atrapalhado. Os sinais de irritação se instalam: taquicardia, tremor, ansiedade, pressão no peito, tensão muscular, pensamentos distorcidos, conclusões precipitadas e negativistas etc.

Quando conseguimos esperar e, finalmente, chega a nossa vez, já acumulamos sentimentos e sensações negativas, que chamamos de irritação. Sem perceber, deixamos que os dardos venenosos desse quadro contaminem nossa estrutura psíquica e física.

Sofremos por agirmos movidos pela convicção de que não poderíamos perder aquele tempo todo, que estamos sendo prejudicados pela demora ou ignorância do outro. Costumo dizer que, nesse caso, criamos a ilusão de poder chegar ao banco e encontrá-lo vazio – um caixa automático sem ninguém, com um letreiro neon com nosso nome piscando. Ao nos dirigirmos ao "nosso" caixa, somos interceptados por uma funcionária uniformizada, sorridente e gentil que nos diz: "Senhor, verificamos que o senhor sempre vem nesse dia da semana e saca a mesma quantia. Portanto, aqui está!". E apresenta-nos um envelope contendo a quantia que iríamos retirar! Não perdemos nem dois minutos com toda a operação e podemos, calmamente, aproveitar o tempo restante para almoçar.

Gostaríamos de ser tratados com distinção, com privilégios. Esquecemos que, na maioria das vezes, destinamos pouco tempo para todas as atividades que pretendemos fazer. Superestimamos nossa capacidade de executar essas tarefas ou não contamos com as naturais ocorrências do acúmulo de serviços das outras pessoas, com a concentração de pessoas que necessitam dos mesmos serviços, ou julgamos que todos tenham a mesma habilidade e desembaraço que nós. Não conseguimos sequer lidar com os naturais imprevistos do dia a dia, esperando prever todos eles.

A irritação pode ser consequência do acúmulo da rotina ou do cansaço. Esgotamos nossas forças e ficamos mais irritadiços diante das contrariedades. Gostaríamos de alcançar mais rapidamente nossos objetivos, mas acabamos por ter que suportar uma rotina de esforço e renúncias para acumular recursos ou angariar prestígios. Estamos eternamente insatisfeitos. Com isso, muitas vezes deixamos o mau humor se instalar pela falta de boa vontade em encarar as pessoas e o mundo à nossa volta como realmente são.

A dificuldade está em não conseguirmos considerar as diferenças existentes de pessoa para pessoa, em cada situação. As pessoas pensam de modo diferente de nós, têm histórias diferentes das nossas, uma formação diferente e, por tudo isso, condutas diversas. Acabamos avaliando as situações segundo nossa ótica e não compreendemos – nem aceitamos – quando somos confrontados com verdades diferentes das que temos.

Há alguns anos, tive um cliente que relatava sua profunda irritação com sua esposa, que não o tratava de maneira adequada. Na primeira sessão que tivemos, a esposa estava presente. Diante das acusações do marido, procurou defender-se, alegando ser ele exigente demais, alguém que queria tudo do jeito dele. Por exemplo, queria que as camisas fossem arrumadas por ordem de cor, ou seja, as brancas na primeira porta do armário, as pretas, azuis e estampadas, na sequência. Exigia que todos os potes de alimentos mantidos no freezer possuíssem etiquetas numeradas e datadas, para que ele pudesse, a qualquer momento, fazer levantamentos, em uma planilha do computador, do gasto mensal e da lista de reposição de mantimentos, o que exigia um esforço adicional significativo nas tarefas da dona de casa e mãe de três filhos pequenos.

Nosso cliente interrompeu o relato da esposa e argumentou:

– Não é que eu queira tudo do meu jeito. É que sou especialista em qualidade total... ISO 9000... Essas coisas. O que posso fazer se o meu jeito é o melhor jeito?

Estávamos diante de um caso difícil em que a intolerância com as diferenças de valores e prioridades levara a um convívio insustentável, comprometendo o casamento.

Durante a conversa, observei que o cliente olhava sistematicamente para meus pés. Percebi que um pequeno tapete que possuo aos pés de minha poltrona estava levemente ondulado, em desalinho. Perguntei-me se seria esse o motivo da fixação do olhar do cliente naquela direção. Para experimentar, movimentei intencionalmente os pés, causando maior desarrumação no tapete. Dito e feito! O homem mexeu-se impaciente no sofá em que estava com a esposa. Resolvi sinalizar o acontecido para ele, aproveitando a circunstância. Dirigi-me a ela e perguntei qual era a impressão mais forte que tinha da minha sala.

Coerentemente com suas características de percepção mais geral e sensível, respondeu que eram a atmosfera de tranquilidade do ambiente e as cores suaves. Voltei-me para ele e fiz a mesma pergunta. A resposta foi denunciadora:

– Sua mesa está rigorosamente arrumada, suas pastas em ordem, tudo muito limpo, só o seu tapete está torto e fora do lugar!

Agradeci a observação e levantei-me, pedindo-lhe que fizesse o mesmo e me ajudasse a arrumar não só o meu tapete, mas o outro que estava sob os pés do *casal, no sofá de três lugares que ocupavam à minha frente. Como o tapete deles era maior, pedi-lhe que segurasse uma extremidade enquanto eu segurava a outra e fiquei, durante algum tempo, solicitando que ora o virasse mais para um lado, ora mais para o outro, sempre alegando que ainda estava torto. Depois de algumas tentativas, ele olhou para mim e reclamou da minha brincadeira e do papel ridículo que estava fazendo ali. Voltamos a nos sentar e, dirigindo-me a ele, falei:*

– Veja quanto tempo e energia você perde com a sua forma de ser. Observou como sua esposa tem um modo de ver as coisas diferente do seu? Ela valoriza coisas diferentes das suas. Você se prende aos detalhes, que são importantes para a sua percepção de arrumação e ordem, e exige dela as mesmas prioridades, tornando o convívio insuportável.

Ele ainda resistiu em aceitar as minhas argumentações, defendendo seu ponto de vista como sendo o mais razoável para a organização e o bem-estar na vida. Expliquei rapidamente como trazemos essas crenças e valores do passado e como eles acabam influindo no nosso comportamento de hoje, quando vivemos outras realidades e outros contextos. Convenci-o ao colocar em forma de brincadeira a mais pura verdade da situação:

– Cuidado que seu manto está se sujando no chão do meu consultório. O seu cetro e coroa caíram ali na porta. Entretanto, seu reinado ficou lá no passado. Seus súditos morreram todos e, se reencarnaram com você, não são mais seus súditos: são seus amigos, seus familiares... Se continuar com essa atitude intolerante e prepotente, talvez acabe sozinho nesta existência...

Ao longo de suas regressões de memória, durante o processo terapêutico, ele pôde lembrar-se de diversos personagens que foram intolerantes e prepotentes. Tivera inúmeras vidas com a experiência de comando de outros homens, situações em que a disciplina e a lealdade às suas ordens eram fundamentais para a manutenção de privilégios, de vantagens ou da própria sobrevivência. Apreciara a obediência e as vantagens que o poder podia oferecer. Desfrutara de prestígio quando exercia sua autoridade de forma dura e inflexível. Hoje, apesar de um pouco diferente, trazia as mesmas convicções do passado: "Tudo tem que ser do meu jeito", "Sempre tenho razão", "Como ousam discutir uma orientação ou ordem minha?".

Buscava o mesmo prazer de antes, só que em um contexto sociocultural diferente daquele do passado. Hoje, já não era o déspota de outrora, mas ainda se julgava melhor que os outros; ainda achava que todos deveriam seguir suas instruções como forma de obter o melhor resultado. Somente com o reconhecimento da repetição desse padrão de comportamento pôde verificar que seus valores precisavam ser modificados. Toda a irritação que desenvolvera até ali o havia levado a um desgaste desnecessário em suas relações afetivas. Seus filhos tinham se tornado distantes e temerosos de suas reações. Percebeu a necessidade de abrandar a intolerância e a rigidez com que tratava suas opiniões e as dos outros.

Concluiu que não precisava abrir mão das suas opiniões ou das coisas que achava corretas ou melhores, mas precisava reconhecer que nem todos tinham a mesma forma de pensamento; que nem sempre a sua verdade era a melhor para as pessoas que conviviam com ele. Precisava desenvolver o respeito pela limitação dos outros, desenvolver sua capacidade de argumentação e convencimento sem ser manipulador ou autoritário.

A reação da irritação costuma ter em sua origem crenças inconscientes de que tudo deve acontecer do jeito que queremos, como se estivéssemos certos de que sabemos o que é melhor ou como se, se todos fizessem o que dizemos ou pensamos, tudo sairia perfeito.

Movidos por um caráter de orgulho, achamos que podemos – ou até que devemos – ditar nossas regras aos indivíduos. Julgamo-nos detentores exclusivos da capacidade de definir o que está certo ou errado. Movidos por essas crenças inconscientes, buscamos desenvolver instrumentos que nos permitam manipular e dominar as situações. A crença inconsciente ilude o indivíduo, levando-o a acreditar que está em uma posição de inquestionável superioridade e autoridade.

Como esse mecanismo é inconsciente, não nos damos conta dos verdadeiros motivos de nossas reações. Poucas pessoas se reconhecem como prepotentes ou exigentes, mas o sofrimento tão comum da irritação pode demonstrar o contrário, para nossa surpresa...

Acabamos por manter uma atitude de exigência em relação ao que julgamos estar correto ou ser preferível. Esperamos que todos compreendam e sigam o que determinamos. Quando isso não ocorre, nos irritamos. Indignamo-nos com a subversão da ordem, da disciplina ou mesmo daquilo que julgamos ser a mais pura verdade. Não toleramos perceber que nossos padrões não foram seguidos, que foram desconsiderados ou distorcidos.

O sofrimento da irritação aponta para a necessidade de desenvolvermos a aceitação de nossa limitação e da do outro. Mesmo quando pretendemos o benefício do próximo, temos que considerar que ele pode não estar preparado para compreender da forma como já compreendemos, ou que simplesmente prefira outras coisas. Temos então a oportunidade de desenvolver a paciência e a compreensão; de modificar nossas atitudes: ao invés da intolerância, a compreensão; em vez da irritação, uma ação de convencimento, de esclarecimento ou discussão saudável das diversas possibilidades; ao invés da verdade exclusiva, a consciência da diversidade individual.

MÁGOA

Outro sofrimento considerado "pequeno", mas que se verifica em muitas pessoas, é o da mágoa. São aquelas situações em que se experimenta uma reação negativa diante da ação das outras pessoas. Esperávamos um tipo de resposta e encontramos outra, geradora de prejuízos, dores e decepções.

Considero que a mágoa não seja um sentimento básico como a raiva, a tristeza, o medo etc. Na verdade, ela é composta por dois sentimentos básicos:

a tristeza e a raiva. E, invariavelmente, por mais raiva que tristeza. Ficamos ressentidos com os que não atenderam às nossas expectativas.

É comum ouvirmos de algumas mães magoadas com seus filhos a frase: "Filhos ingratos!" Relatam uma série de comportamentos que adotaram durante muito tempo, dedicados ao sustento, à formação, ao cuidado e à orientação dos filhos, para agora retribuírem com indiferença, ingratidão ou falta de consideração. Também estão movidas por crenças e valores inconscientes que vão desencadear atitudes que levam à vivência do sofrimento da mágoa.

Costumo dizer que nossas questões ficariam mais claras se observássemos nossas afirmações. É tudo uma questão de reticências. Quando falamos: "Tanta dedicação e amor... Tantas noites em claro, cuidando quando estava doente...", acabamos não completando as frases, ou o sentido delas, após as reticências. Talvez as pudéssemos completar com expressões do tipo: "Tanta dedicação e amor... para agora não fazer o que eu quero"; "Tantas noites em claro, cuidando quando estava doente... e agora não chega cedo em casa".

Tive uma jovem cliente que, tratando de uma grave questão no relacionamento com sua mãe, dizia dos recursos e estratégias que a mãe utilizava para fazer prevalecer seus argumentos sobre os da filha: "Mas eu sou sua mãe", ou seja, a condição de mãe se sobrepunha a qualquer outro argumento na avaliação de situações que demandassem consenso ou renúncia.

Não há dúvida de que existe a ingratidão. Pessoas que não reconhecem os benefícios ou a dedicação recebidos de uma outra pessoa retribuem com atitudes agressivas, ofensivas ou indiferentes. Normalmente, o ingrato está sendo levado pelo egoísmo de sua estrutura de personalidade, só se preocupando com as próprias necessidades e interesses. A ingratidão seria definida como a retribuição do bem com o mal.

Entretanto, a avaliação do que é *bem* e do que é *mal* é pessoal e relativa. Muitas vezes nos magoamos por julgarmos que os outros estão retribuindo o bem que fizemos, a dedicação e o cuidado que lhes foram dispensados, com ações que contrariam nossas expectativas e interesses, ou seja, com o mal. Na verdade, na maioria das vezes, acabamos colocando condições silenciosas para a outra pessoa em troca daquilo que fazemos.

Sofremos por termos desenvolvido uma série de expectativas sobre a reação que esperamos dos outros. Esperamos que as outras pessoas ajam segundo nossas avaliações, pois julgamos saber o que é melhor ou correto, e, quando isso não acontece, magoamo-nos. Algumas pessoas sofrem, pois acreditaram, inconscientemente, que, ao fazerem algo pelos outros, haviam se tornado credoras de favores ou obediência. Como acabam sendo contrariadas, sentem-se desprestigiadas ou enganadas.

O amor-próprio ferido costuma ser o agente dessas dores. A pessoa atribui a si própria uma necessidade de reconhecimento por seus valores e ações, experimentando a decepção quando não é atendida em sua totalidade. Daí resulta o ressentimento. A raiva, que pode transformar-se em ódio, tem origem na cobrança "natural" do que julgamos nos pertencer.

Não nos damos conta de nosso engano e de como a constituição física sofre com o fel amargo destilado pela mágoa, causando tantas patologias orgânicas ou psicológicas...

A mágoa e o ressentimento devem ser tratados pelos indivíduos com a transformação da reação crítica, contra aquele que nos contrariou ou ofendeu, por uma outra mais branda e compreensiva: "Teu ofensor merece tua compaixão, nunca o teu revide. Aquele que te persegue sofre desequilíbrios que ignoras e não é justo que te afundes, com ele, no fosso da sua animosidade".[1]

Se estivermos atentos aos efeitos produzidos pela mágoa, poderemos aprender que o ressentimento não irá produzir a satisfação que buscamos; mas que a aceitação das limitações do outro, e das nossas próprias, acabam por reduzir os padrões de exigência e intolerância que afetam as relações interpessoais que estabelecemos. Muitas vezes, lançamos mão da chantagem emocional para obter o que queremos, sem levar em conta o desgaste e o distanciamento que ela provoca entre nós e os seres dos quais dizemos gostar.

Precisamos observar que o sofrimento da desilusão ocorre por superdimensionarmos a capacidade das pessoas em atender às nossas expectativas, sem considerarmos se têm condições, se podem ou, até mesmo, se querem dar o que queremos ou agir como esperamos. Costumo dizer que só se desilude quem um dia se iludiu. A ilusão foi provocada por uma deficiência ou impossibilidade de avaliar corretamente

---

[1] Joanna de Ângelis, psicografia de Divaldo Pereira Franco. *Joanna de Ângelis Responde*. Salvador: Livraria Espírita Alvorada, 1999, p. 40.

as situações ou possibilidades pessoais que estão em jogo. Mas, iludidos que estamos, tomamos expectativa por certeza.

Não há inconveniente em procurarmos defender o que achamos melhor ou mais conveniente para nós e os outros. É válido buscar preferências ideais, ou seja, procurar alcançar as situações que julgamos atender às nossas necessidades. O problema surge quando transformamos nossas preferências ideais, por nossa prepotência, em exigências.

Agir bem, com a consciência tranquila, ajudando incondicionalmente, é uma lição desafiadora para nós, indivíduos em transformação.

INVEJA

"Não consigo entender por que meu irmão tem tudo que quer, enquanto eu..."; "Esse cara tem uma sorte..."; "Para ter conseguido isso, deve ter feito algum tipo de negócio sujo. Só pode ser isso!". Essas são frases típicas de pessoas que sofrem de *inveja*.

A inveja pode ser descrita como o desejo de possuir ou ser o que os outros têm ou são.[2] Diante da constatação de que o outro possui algo que desejamos, desenvolvemos um sentimento de ressentimento ou de revolta por não podermos dispor daquele mesmo objeto. Na maioria das vezes, queremos as coisas

---

[2] Hammed, psicografia de Francisco do Espirito Santo Neto. *As Dores da Alma*. Catanduva (SP): Boa Nova, 1998, p. 208.

igualmente, mas não nos damos conta dos esforços que o outro despendeu para obtê-las ou não queremos abrir mão daquilo que ele teve que abrir para consegui-las.

Ao constatarmos que a outra pessoa tem o que desejamos, sentimos uma espécie de desgosto pela comparação inevitável que ocorre. Julgamo-nos inferiores por não possuirmos aquilo que pode oferecer segurança, felicidade, destaque ou reconhecimento. Essa atitude esconde a insegurança do indivíduo que duvida da própria capacidade para conquistar o que deseja. Invariavelmente, os invejosos são pessoas extremamente observadoras, que permanecem atentas a qualquer variação que ocorre com os indivíduos que gravitam em torno delas.

Não podemos confundir inveja com admiração. Uma coisa é apreciarmos as conquistas realizadas pelos outros e, até mesmo, aspirar conquistas semelhantes. A outra é nos fixarmos exaustivamente na comparação pura e simples das nossas conquistas com as daqueles que invejamos, sem levarmos em conta as diferenças de oportunidade, aptidão, circunstâncias de vida etc.

Destaco a diferença entre dois tipos de inveja: a construtiva e a destrutiva. A inveja construtiva é aquela em que a admiração sincera conduz a uma motivação na aquisição da condição que observamos no outro. Essa inveja nos leva a colocar a conquista do outro como meta e a procurar os recursos de que dispomos ou precisamos desenvolver para tal aquisição. Ela se torna negativa quando o desejo pela conquista se sobrepõe à consciência dos próprios limites, levando a sofrimentos extremos.

A inveja destrutiva é a que provoca no indivíduo uma atitude de censura e crítica – muitas vezes caluniosa – das conquistas alheias. Procuramos demonstrar superioridade para escondermos a inferioridade. Evidenciamos as falhas ou as possíveis segundas intenções que identificamos no percurso alheio. Não querendo reconhecer o sucesso do outro, fruto de nosso orgulho ferido, ficamos melindrados e raivosos com o fato de nos percebermos em desvantagem.

Ficamos tão preocupados com as conquistas dos outros, com a projeção e promoção dos outros, que nos esquecemos de nós mesmos – esquecemos de desenvolver os próprios potenciais internos, que poderiam permitir nossa evolução. Deixamos de assumir a responsabilidade sobre nossa vida, limitações e escolhas, para criticar os outros. Esse comportamento pode estar sendo provocado por uma descrença inconsciente na capacidade individual interna de conseguir realizar o que desejamos. Por não acreditarmos em nós, passamos a acreditar, ilusoriamente, que o que precisamos para nossa felicidade se encontra no meio externo.

Parece que o sofrimento que a inveja provoca leva o indivíduo a refletir sobre si mesmo. A comparação com o outro provoca uma dor no invejoso pela sensação de inferioridade ao observar outra pessoa sendo, tendo ou realizando o que ele não consegue. Enquanto está fixado nessa comparação, o invejoso sofre. E a inveja incita o indivíduo a buscar a autovalorização de seus recursos internos, que esperam, potencialmente, o estímulo necessário. Essa autovalorização exige, é claro, uma superação dessa espécie de autorrejeição que o invejoso vivencia e que o direciona a uma cristalização no meio externo.

O desejo de obtenção das coisas é válido, desde que desperte o ser para a luta harmoniosa na superação das limitações que se interpõem entre ele e seu objetivo. Da mesma forma, vai exigir o desenvolvimento de um nível de tolerância maior à frustração, quando as limitações existentes impedirem a conquista no tempo imaginado ou preferido pelo indivíduo. Diante da frustração pelo aparente insucesso, ele se vê obrigado a atenuar seu orgulho e presunção.

Tais indivíduos encontram-se fixados na infância psicológica e emocional – egocêntrica por excelência –, julgando que tudo deva girar em torno dos próprios interesses e desejos, pretendendo privilégios e vantagens, sem esforço, por parte da vida e dos outros. Julgam-se, ilusoriamente, o centro das atenções e, por isso, merecedores de toda a sorte de reverência. Sofrem por não aceitarem as condições que a vida oferece na atual existência, a fim de possibilitar o desenvolvimento da aceitação e da humildade.

OS PEQUENOS SOFRIMENTOS CONTÊM GRANDES LIÇÕES

Como pudemos verificar, mesmo os pequenos sofrimentos do dia a dia são caminhos importantes para o processo pedagógico do espírito. As experiências de sensações físicas desagradáveis, sentimentos torturantes e pensamentos distorcidos, que representam os pequenos sofrimentos, expressam desequilíbrios que emergem das camadas mais sutis do inconsciente para elaboração e integração nas camadas mais densas do consciente.

A irritação, a inveja, a mágoa, a impaciência, os melindres etc. são reações naturais quando o psiquismo ainda está se debatendo, tentando atender nossas crenças do passado. Muitas vezes, a irritação, por exemplo, representa a reação a uma crença inconsciente de que tudo deve ser do jeito que desejamos. Quando constatamos que a vida ou os outros não atendem a essa nossa convicção, irritamo-nos, indignados.

Quantas vezes nos pegamos impacientes com os que não pensam como nós: "Não tolero burrice", "Já expliquei mais de uma vez!", "Fulano é devagar, quase parando", "Quero que pobre morra!". Irritamo-nos nessas situações por esperarmos que tudo funcione com base em nossos parâmetros. Julgamos saber o que é melhor e preferível para os outros e para o mundo.

Todos esses pequenos sofrimentos podem, então, ser considerados frutos da fixação de nosso ego em valores de poder, domínio, obediência, projeção social, reconhecimento e/ou ser amado. Demonstram como nossa dinâmica psíquica ainda está marcada pelo egocentrismo e pela presunção, ou seja, marcada pelos efeitos do orgulho e do egoísmo.

CAPÍTULO 9

PARA QUÊ SOFREMOS?

Apesar de todas as reflexões empreendidas até aqui, não podemos acreditar, ingenuamente, que apenas o entendimento do processo pedagógico do sofrimento seja suficiente para superá-lo. Não basta o entendimento intelectual do processo, que envolve apenas a razão, mas, além dessa dimensão, é necessária a compreensão que envolve o equilíbrio e a harmonia das emoções, dos pensamentos e das crenças, de valores e aspirações existenciais do indivíduo. A compreensão é vivencial, precisando ser internalizada de fato no psiquismo.

A partir do entendimento do "por que sofremos", ou seja, das causas que determinam o sofrimento atual, é fundamental refletirmos sobre a finalidade do fenômeno da dor na evolução do ser: "para quê sofremos?".

Nesta conclusão, pretendemos elaborar um pouco mais essas reflexões, de forma que o leitor possa levar para sua vida ferramentas importantes para a autoanálise, principalmente dos sofrimentos que o acometem, sejam grandes ou pequenos, ligeiros ou duradouros.

Julgamos importante destacar que, como vimos, o sofrimento não tem caráter punitivo. Não pode ser encarado apenas como uma adversidade ou um transtorno no caminho da felicidade. Pelo contrário. Transforma-se em grande oportunidade de aprendizado para o espírito imortal. Daí nosso modelo ser chamado de Pedagogia do Sofrimento.

Encarado como um aspecto positivo na evolução do espírito, quando bem compreendido e trabalhado, o sofrimento pode ser considerado mecanismo sublime no processo de evolução do ser humano. Quando se conscientiza da sua condição espiritual, ele vê no sofrimento a possibilidade de identificar os aspectos de seu psiquismo que se encontram desarmonizados ou distanciados de sua essência, e pode corrigi-los. Entende que, pelo mecanismo da reencarnação, sempre encontrará a oportunidade e os recursos para crescer e amadurecer.

Infelizmente, muitos opositores da tese reencarnacionista alegam que esse entendimento é alienante da realidade mais concreta. A nosso ver, a mudança na configuração de valores do espírito é a única saída para a superação do sofrimento. Essa, inclusive, a sua finalidade.

Ao longo do livro, pudemos demonstrar, inclusive com exemplos retirados de nossa experiência clínica, situações reais nas quais só a transformação e a compreensão dessa configuração de valores foram capazes de ajudar os indivíduos a enfrentar e superar diversas patologias que desafiam o conhecimento humano.

Concluímos, assim, que tanto os grandes como os pequenos sofrimentos do dia a dia são expressões de desequilíbrios internos do psiquismo que emergem em busca de serem integrados e harmonizados pelo indivíduo como um todo.

Mesmo as dores causadas pelos "outros" são um incentivo ao abrandamento daqueles aspectos que estão completamente em desalinho em nossa estrutura mais íntima. Somos levados, por essas dores, a abrandar o orgulho, quando nos achamos melhores que os outros; a abrandar o egoísmo, quando agimos movidos por uma crença de que tudo deve ser meu ou para mim; e a prepotência, por ainda acharmos que temos – ou que deveríamos ter – a condição de dizer a última palavra.

O sofrimento dói porque não entendemos sua finalidade. Ainda resistimos diante das evidências que ele nos apresenta, o que parece um paradoxo.

Aliás, os sofrimentos parecem decorrer de uma reação do ego a esse processo de integração dos desequilíbrios. É como se, ao perceber que o desequilíbrio emergente exige uma mudança de valores ou atitude, o ego resistisse a essa mudança. Há uma tentativa, ora sutil ora desesperada, do ego em manter suas prioridades sobre essas mudanças. Dependendo da característica das experiências do passado que configuram a personalidade atual, o indivíduo reagirá de uma forma ou de outra.

Muitas vezes, movido pelos novos e bons valores que também veio conquistando ao longo de suas vidas passadas, o indivíduo tenta adaptar seus comportamentos e atitudes de ontem, de modo a contemplar as novas convicções. Entretanto, algumas dessas condições são incompatíveis entre si e, às vezes, completamente antagônicas. Mas o indivíduo, de forma inconsciente, ilude-se, julgando ser capaz de contornar ou promover uma grande composição em que não tenha de conviver com a sensação de perda de algum aspecto que seja considerado "prazeroso".

Ao mesmo tempo, as dimensões mais maduras do ser se movimentam e "empurram" o indivíduo em direção à evolução. O fluxo da vida do ser espiritual impõe a transformação de obstáculos para seguir seu curso. O resultado é a ocorrência de um conflito entre duas partes internas que disputam a condição de comandantes da vida: por um lado, o espírito, direcionando o ser na busca de sentimentos e aspirações mais nobres; por outro, as dimensões que tentam preservar seus ganhos exclusivistas de prazer.

O paradoxo se apresenta nesse conflito. Como podemos ter uma dimensão superior que pretende a nossa evolução, ter o entendimento intelectual das vantagens que o progresso parece oferecer, e, mesmo assim, ainda resvalarmos na cristalização de hábitos e tendências negativas, de excessos e vícios, de novelos embaraçados de desdobramentos do orgulho, da vaidade e do egoísmo?

Como nossa vontade, aliada à razão, não é capaz de dominar esses verdadeiros impulsos, que pretendem apenas repetir a vivência de antigas paixões quase irresistíveis?

A resposta é simples. Isso acontece porque, no fundo, no fundo, ainda gostamos de ser desse jeito. Em *O Livro dos Espíritos*, questão 911, os espíritos explicam que, nesses casos, a vontade parece insuficiente, pois o espírito do indivíduo se compraz com aqueles comportamentos ou paixões. Como vimos em nosso modelo, as experiências marcantes do passado tendem a construir um sistema de crenças e valores que pretende reproduzir as sensações prazerosas anteriores. Para isso, procura repetir os padrões de comportamento que estão associados a esse prazer. Procuramos, ainda hoje, garantir o prazer da projeção social, do reconhecimento de que somos melhores, da obediência diante de nossas opiniões, de que todos sempre atendam às nossas necessidades prioritariamente, entre outros prazeres.

Essas crenças deixam marcas que se transmitem vida após vida, até serem totalmente conscientizadas e transformadas; mas, até que isso ocorra, acabam determinando a forma de reação da personalidade atual.

Procuramos ser sempre exatos, precisos, perfeitos, admirados, reconhecidos, infalíveis, ou sempre mostrar que estamos com a razão. Desdobramo-nos em atingir esses objetivos, muito mais para atender aos caprichos do ego do que por um real interesse no aprimoramento das coisas ao redor.

Quando utilizamos a terapia de vida passada, podemos confirmar esse processo, pois observamos que, através da regressão de memória, o psiquismo traz à consciência do indivíduo as lembranças de vivências do passado a partir das quais seu sofrimento teve início. O próprio psiquismo da pessoa identifica as situações responsáveis pela cristalização dos valores que entram em conflito no psiquismo da personalidade atual, gerando sofrimento. As pessoas percebem que, na maioria das vezes, sofrem por estarem fixadas em algum tipo de padrão de comportamento ou reação proveniente de experiências traumáticas ou de desequilíbrio significativo de sua história passada. A esse processo costumamos dar o nome de *identificação*, isto é, o indivíduo, na personalidade atual, ainda continua identificado com a forma de funcionar, com os valores e as crenças dos personagens do passado, repetindo, de maneira mais ou menos expressiva, aqueles padrões de comportamento.

Constatam, sobretudo, que continuam repetindo aqueles mesmos comportamentos porque ainda sentem algum tipo de prazer, ou procuram recuperar algum tipo de situação que foi considerada boa ou valorizada. Ao se darem conta disso no processo terapêutico, percebem a incoerência interna que mantêm e que, para superar os efeitos dessa incoerência – ou seja, o sofrimento que originou aquela investigação nos níveis mais profundos do seu psiquismo –, necessitam modificar a repetição de atitudes inadequadas. Enquanto não processam essa reeducação de atitudes e comportamentos, não permitem o reequilíbrio do psiquismo, mantendo, assim, a patologia emergente.

A regressão de memória, na maioria das vezes, permite ao indivíduo, com a ajuda e orientação do terapeuta, identificar esses aspectos desequilibrados e incoerentes de seu caráter, e propor as mudanças necessárias na perspectiva que têm da vida, dos problemas pelos quais passam e dos valores que orientavam suas escolhas. É por isso, entre outros motivos, que temos, em nossas palestras, insistido em que somente deveria ser terapeuta de vida passada um profissional que tivesse formação específica de TVP e com uma "escuta" e "Olhar" psicológico, já que os benefícios dessa forma de tratamento não se reduzem à experiência da regressão de memória em si, mas à utilização de toda uma série de procedimentos e propostas terapêuticas complementares à regressão, que visam auxiliar o indivíduo a promover seu processo de *transformação*.

Com base em nossa experiência, temos podido catalogar uma série de exemplos que confirmam a lógica e o sentido educativo que o sofrimento tem na vida do homem: a Pedagogia do Sofrimento. Muitos dos que chegam ao nosso consultório fazem-no movidos pelo "arrastamento" de grandes patologias, principalmente as psicopatologias. São levados pela dificuldade de contornar ou conviver com problemas sérios, como o transtorno de pânico, a depressão, os desvios de comportamento na sexualidade, as doenças autoimunes, compulsões de todos os matizes, doenças orgânicas que não apresentam diagnóstico conclusivo pela Medicina ou Psicologia Tradicional etc. A investigação e a pesquisa das origens desses males nos levam ao confronto de atitudes do próprio ser em transatas existências. Ao explorar os conteúdos do psiquismo desses indivíduos, percebemos que atrás de cada uma dessas patologias, mais ou menos sérias, existe todo um processo de aprendizado.

O papel do terapeuta de vida passada passa a ser o de um facilitador da descoberta dessas lições, pois o aprendizado se dá pelo próprio indivíduo. O primeiro aprendizado é o de que somos seres com uma essência eminentemente espiritual, manifestada, no momento, em uma dimensão material. O segundo grande aprendizado é descobrir como nossa configuração de valores vem sendo construída, o que nela parece deformado e o que precisa ser reformado. A maneira como o indivíduo passa a perceber a doença vai ter papel decisivo em sua cura. Costumo dizer que não é o terapeuta quem faz a terapia, mas o próprio cliente. Se assim quiser. E é preciso querer!

É claro que o processo de transformação não exige, necessariamente, a lembrança do passado. Mesmo porque apenas fazer a regressão de memória e lembrar-se de seu passado não promovem, por si sós, a cura dos conflitos e sofrimentos, como muitos, infelizmente, ainda acreditam.

A cura para os sofrimentos, entendidos em sua lógica pedagógica, somente será obtida quando o indivíduo empreender um processo de renovação de atitudes e de conduta. Para isso, ele tem a auxiliá-lo dois instrumentos de muita potência.

O primeiro é a mudança de direcionamento nas prioridades de sua existência. Quando se percebe como um ser espiritual em trânsito pela experiência carnal, o indivíduo altera suas aspirações. Com isso não queremos dizer que devemos nos afastar ou anular as dimensões materiais da existência; isso seria negar parte importante da realidade atual. Entretanto, observo que a consciência da essência espiritual nos coloca diante de um grande desafio: conseguir viver a dimensão material dando a ela um sentido espiritual, isto é, fazer com que a dimensão material seja um meio para a evolução – nossa e dos outros –, e não um fim em si mesma.

Para isso, temos a melhor ferramenta disponível, que é fazer o *bem*. O bem independe de condição social ou financeira para ser feito. O desejo de ajudar e a preocupação sincera com o outro fazem com que se inicie um grande processo de quebra de nosso egoísmo. O bem é bom para quem o pratica, pois representa o sentimento sublime de amor em movimento, retirando o indivíduo da inércia do egocentrismo.

O outro caminho é a autoanálise, o autoconhecimento – dentro de nosso recorte: a análise do sofrimento.

Se observarmos e avaliarmos, com honestidade e isenção, os nossos sofrimentos – pequenos ou grandes –, veremos o que estão sinalizando. Eles procuram alertar-nos para as mudanças necessárias à harmonização do nosso espírito. Como o processo de mudança depende da vontade e da consciência, parece que fica mais fácil quando podemos identificar os momentos em que somos impacientes, estamos irritados ou magoados. A análise dos motivos dessas reações inadequadas, isto é, os valores e as crenças que as sustentam, podem nos levar à transformação. E, mesmo quando achamos que estamos certos ou que seja justa aquela reação, podemos também prestar atenção no que as pessoas costumam reclamar sobre nós. O exame dessas reclamações poderá nos propiciar a consciência de alguns desses aspectos que estejam influenciando nossas atitudes e comportamentos, e que não percebemos tão claramente.

O hábito da reflexão sobre os motivos de nossos sofrimentos resulta em maior conhecimento de nós mesmos. A consequência é um crescimento, um amadurecimento psicológico e emocional, uma maior e melhor integração do indivíduo com o sentido de sua existência. A partir daí, o indivíduo passa a ser capaz de lidar mais facilmente com os aprendizados da vida e a sofrer menos diante dos problemas que irão visitá-lo, pois entende a finalidade de sua existência.

Costumo usar uma analogia que ouvi há muito tempo, que fala dos sofrimentos e da felicidade. A felicidade poderia ser vista como uma mochila que trazemos às costas para nossa viagem. Ao longo de nossa jornada, vamos colocando na mochila coisas que nos parecem importantes. Continuando a caminhada, deparamo-nos com outras coisas que consideramos boas para nós. Chega um ponto em que a mochila está cheia e pesada, e não é possível colocar dentro dela mais coisas "boas" que encontremos pelo caminho. Precisamos, então, escolher as que teremos que retirar da mochila. A decisão é difícil, mas inevitável. O sinal de que é preciso tirar coisas da mochila pode ser a dor que o peso dela passa a representar para nós. Essa dor nos sinaliza que, talvez, esteja na hora de retirarmos algo que esteja pesando, algo desnecessário para a nossa jornada.

Finalmente, ao chegarmos perto de nosso destino, veremos que a mochila é pequena, pois, de fato, necessitamos de pouquíssimas coisas para sermos felizes.

Na maior parte do tempo de viagem, não precisamos de tantas coisas assim. Muitas dessas coisas, que parecem tão importantes em dado momento, transformam-se em verdadeiro suplício mais adiante. Talvez economizássemos esforços e tempo se, de vez em quando, nos perguntássemos: "O que será que eu preciso realmente carregar na minha mochila? O que realmente é essencial para a minha 'viagem'?".

BIBLIOGRAFIA

Andréa, Jorge. *Busca do Campo Espiritual pela Ciência.* Rio de Janeiro: Sociedade Editora E. F. V. Lorenz, 1997.

_____. *Correlações Espírito-Matéria.* Petrópolis (RJ): Sociedade Editora E. F. V. Lorenz, 1992.

_____. *Impulsos Criativos da Evolução.* Niterói (RJ): Arte e Cultura, 1989.

_____. *Palingênese, A Grande Lei.* Petrópolis (RJ): Sociedade Editora Espiritualista F. V. Lorenz, 1990.

_____. *Psiquismo: Fonte da Vida* – Sobradinho (DF), Ed. Edicel, 1995.

_____. *Visão Espírita das Distonias Mentais.* Rio de Janeiro: FEB, 1991.

Ângelis, Joanna de; Divaldo P. Franco. *O Homem Integral.* Salvador: Alvorada, 1990.

_____. *Plenitude.* Niterói: Arte e Cultura, 1991.

_____. *Estudos Espíritas.* Rio de Janeiro: FEB, 1983.

_____. *O Ser Consciente.* Salvador (BA): Leal, 1996.

_____. *Amor, Imbatível Amor.* Salvador (BA): Leal, 1998.

_____. *Autodescobrimento* – Uma Busca Interior. Salvador (BA): Leal, 1996.

_____. *O Despertar do Espírito.* Salvador (BA): Leal, 2000.

Ângelis, Joanna de; Divaldo P. Franco; Souza, José

M. M. (org.). *Joanna de Ângelis Responde*. Salvador (BA): Leal, 1999.

Associação Médico-Espírita de Minas Gerais. *Por que Adoecemos*. Vol. II. Belo Horizonte (MG): Fonte Viva, 2000.

Associação Médico-Espírita do Brasil. *Saúde e Espiritismo*. São Paulo, 1998.

Bauer, Sofia. *Síndrome do Pânico. Um Sinal que Desperta*. Belo Horizonte (MG): Caminhos, 2001.

Denis, Léon. *O Porquê da Vida*. Rio de Janeiro: FEB, 1991.

____. *O Problema do Ser, do Destino e da Dor*. Rio de Janeiro: FEB, 1987.

Dethlefsen, T. e Dahlke, R. *A Doença como Caminho*. São Paulo: Cultrix, 1996.

Frankl, Victor E. *Em Busca de Sentido*. Petrópolis: Vozes, 1991.

Grof, Stanislav. *Além do Cérebro*. São Paulo: MacGraw-Hill, 1987.

____. *A Aventura da Autodescoberta*. São Paulo: Summus, 1997.

____. *O Jogo Cósmico – Explorações das Fronteiras da Consciência Humana*. São Paulo: Atheneu, 1998.

____. *Psicologia do Futuro*. Niterói (RJ): Heresis, 2000.

Grof, Stanislav; Bennett, Hal Z. *A Mente Holotrópica*. Rio de Janeiro: Rocco, 1994

____, Stanislav; Grof, C. (orgs.). *Emergência Espiritual – Crise e Transformação Espiritual*. São Paulo: Cultrix, 1995.

Guimarães, H. Espírito, *Perispírito e Alma*. São Paulo: Pensamento, 1984.

_____. *Morte Renascimento Evolução*. São Paulo: Pensamento, 1987.

Hammed; Francisco do Espirito Santo Neto. *As Dores da Alma*. Catanduva (SP): Boa Nova, 1998.

_____. *Renovando Atitudes*. Catanduva (SP): Boa Nova, 1997.

Holanda, A. B. *Novo Dicionário Aurélio de Língua Portuguesa*. Rio de Janeiro: Nova Fronteira, 1986.

Jorge, J. *Antologia do Perispírito*. Juiz de Fora (MG): Instituto Maria.

Kardec, Allan. *O Céu e o Inferno*. Rio de Janeiro: FEB, 1987.

_____. *A Gênese*. Rio de Janeiro: FEB, 1988.

_____. *O Evangelho segundo o Espiritismo*. Araras (SP): IDE, 1982.

_____. *O Livro dos Espíritos*. Rio de Janeiro: FEB, 1985.

_____. *O Livro dos Médiuns*. Rio de Janeiro: FEB, 1987.

Kübler-Ross, Elisabeth. *Sobre a Morte e o Morrer*. São Paulo: Martins Fontes, 1992.

Menezes, Milton. *Terapia de Vida Passada e Espiritismo – Distâncias e Aproximações*. Rio de Janeiro: Leymarie, 1998.

Miranda, Hermínio C. *A Memória e o Tempo*. Niterói: Publicações Lachâtre, 1994.

_____. *Condomínio Espiritual*. São Paulo: Folha Espírita, 1993.

_____. *Diálogo com as Sombras*. Rio de Janeiro: FEB, 1991.

Miranda, Manoel P. ; Divaldo P. Franco. *Loucura e Obsessão*. Rio de Janeiro: FEB, 1997.

_____. *Nas Fronteiras da Loucura*. Salvador: Leal, 1982.

_____. *Nos Bastidores da Obsessão*. Rio de Janeiro: FEB, 1970.

_____. *Tormentos da Obsessão*. Salvador (BA): Alvorada, 2001.

_____. *Trilhas da Libertação*. Rio de Janeiro: FEB, 1997.

_____. *Painéis da Obsessão*. Salvador: Alvorada, 1983.

Nobre, M. *A Obsessão e Suas Máscaras*. São Paulo: Folha Espírita, 1997.

Pereira, Mário E. C. Pânico – *Contribuição à Psicopatologia dos Ataques de Pânico*. São Paulo: Lemos, 1997.

Pincherle, L. T. (org.) e outros. *Terapia de Vida Passada*. São Paulo: Summus, 1990.

Prophet, E. C. *Reencarnação – O Elo Perdido do Cristianismo*. Rio de Janeiro: Record, Nova Era , 1997.

Pugliese, Adilton. *A Obsessão: Instalação e Cura*. Salvador: Leal, 1999.

Rohden, H. *Por que Sofremos*. 11. ed. São Paulo: Martin Claret .

Saldanha, V. *A Psicoterapia Transpessoal*. Rio de Janeiro: Record, Rosa dos Ventos, 1999.

Tabone, M. *A Psicologia Transpessoal*. São Paulo: Cultrix, 1992.

Weil, Pierre. *A Consciência Cósmica*. Petrópolis (RJ): Vozes, 1999.

Wiber, K.; Pribram, K. H. e outros. *O Paradigma Holográfico e Outros Paradoxos*. São Paulo: Cultrix, 1991.

Woolger, R. J. *As Várias Vidas da Alma*. São Paulo: Cultrix, 1994.

Zimmermann, Zalmino. *Perispírito*. Campinas (SP): Centro Espírita Allan Kardec, 2000.

EU SOU O REI DE TODO O MUNDO
escrito por Daniele Vanzan com participação de Milton Menezes
Infantojuvenil | 20x26cm | 48 páginas

Tico é um bom menino, divertido e amigável, quando todas as coisas saem como ele espera. Mas, quando ele não gosta de algo... sai de baixo! Se receber um não, se não for atendido na hora que quer, se perder o jogo, Tico parece se transformar: grita, xinga, bate e machuca todos a sua volta, estragando qualquer brincadeira ou momento de prazer. Acompanhem esta história para ver como Tico conseguiu contornar esse seu comportamento, que insistia em se repetir e afastar dele todos os amigos. Neste livro, ampliam-se as considerações da Psicologia Tradicional, para considerar como as experiências de vidas passadas podem influenciar no comportamento e nas reações emocionais na infância . Propõe-se ainda a realização de tarefas que podem ajudar crianças "Tico" a superar esse transtorno.

Entre em contato com nossos consultores e confira as condições.
Catanduva-SP 17 3531.4444 | São Paulo-SP 11 3104.1270

A BATALHA PELO PODER

Assis Azevedo
Ditado por João Maria

Romance
Formato: 16x23cm
Páginas: 320

Desde a remota Antiguidade o homem luta para dominar o próprio homem, tudo por causa do orgulho, do egoísmo, da inveja e, sobretudo, da atração nefasta pelo poder. Mesmo com o advento do Cristianismo, a humanidade não entendeu a verdadeira mensagem de Jesus, que era "amar o próximo como a si mesmo"

Esta obra, ditada pelo Espírito João Maria, informa-nos com muita propriedade sobre uma batalha desencadeada pelos nobres da Idade Média, cuja intenção era sempre lutar bravamente pelo domínio de tudo o que existisse, com a desculpa de que honrariam, assim, o nome de seus antepassados.

 www.boanova.net

 www.facebook.com/boanovaed

 www.instagram.com/boanovaed

 www.youtube.com/boanovaeditora

Entre em contato com nossos consultores e confira as condições.
Catanduva-SP 17 3531.4444 | São Paulo-SP 11 3104.1270

OS MAGOS

J.W. Rochester
WERA KRIJANOWSKAIA

Romance | 16x23 cm

Este é mais um clássico do autor J. W. Rochester, um romance-ficção que fará o leitor adentrar o conhecimento místico, em que há o perecimento do homem material e o renascimento do espírito imortal.
Com irretocável riqueza de detalhes, a história transporta o leitor à época medieval, ao mesmo tempo em que a transforma em um ponto disperso no tempo,
sem começo, meio ou fim.

Entre em contato com nossos consultores e confira as condições.
Catanduva-SP 17 3531.4444 | São Paulo-SP 11 3104.1270

ROMANCE

NUNCA É TARDE PARA PERDOAR

HUMBERTO PAZIAN

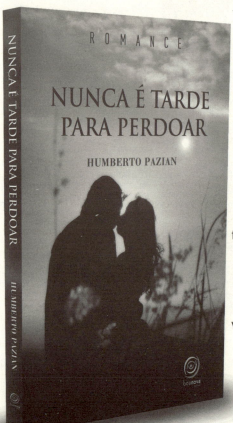

16x23 cm | 144 páginas

França, 1763. Filho único do conde Arnaldo D´Jou, Felipe retorna à pátria depois de sofrer amarga derrota nos campos de batalha da Inglaterra. A caminho dos domínios do pai, não sabe que vai ao encontro do seu passado... Embriagado pela beleza e pelo encanto de Celine, Felipe deixa-se dominar pela paixão. A linda jovem, filha de um cigano foragido, nega-se a se entregar ao guerreiro, que não aceita a recusa. O ódio de Felipe, então, contamina o ambiente da estalagem onde se encontram, abrindo suas portas para espíritos violentos e vingadores... Agora, tudo pode acontecer: Felipe e Celine, além de outros afetos e desafetos, reencontram-se para entender que nunca é tarde para perdoar.

Boa Nova Catanduva-SP | 17 3531.4444 | boanova@boanova.net
Boa Nova São Paulo-SP | 11 3104.1270 | boanovasp@boanova.net

DEPOIS DA MORTE
Léon Denis

Vida no além
Formato: 16x23cm
Páginas: 304

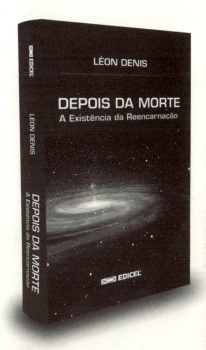

Quem de nós, em algum momento da vida, não teve a curiosidade de se perguntar qual seria seu destino após a morte do corpo físico? Existe realmente um mundo invisível para onde iremos?

O grande pensador Léon Denis responde a essas e a muitas outras perguntas relativas à vida e à morte nesta obra. Para apresentar suas conclusões, o autor retorna no tempo e pesquisa a Grécia, a Índia, o Egito, além de várias outras culturas, em busca de respostas. Aprofundando-se em temas complexos como a existência de Deus, a reencarnação e a vida moral, trata ainda dos caminhos que temos à disposição para chegarmos ao "outro mundo" com segurança e o senso de dever cumprido.

 www.boanova.net

 www.facebook.com/boanovaed

 www.instagram.com/boanovaed

 www.youtube.com/boanovaeditora

Entre em contato com nossos consultores e confira as condições
Catanduva-SP 17 3531.4444 | São Paulo-SP 11 3104.1270

A BUSCA DO MELHOR

Francisco do Espirito Santo Neto
ditado por Hammed

Filosófico
Formato: 14x21cm
Páginas: 176

Sócrates afirmava que "ninguém que saiba ou acredite que haja coisas melhores do que as que faz, ou que estão a seu alcance, continua a fazê-las quando conhece a possibilidade de outras melhores". Ser protagonista da própria vida não significa jamais se equivocar; significa, sim, refazer caminhos, reconhecer falhas e erros, e deixar de ser prisioneiro das próprias atitudes. Neste livro de Hammed, você vai descobrir as ferramentas necessárias para conduzir sua história de vida e fazer da existência uma grande oportunidade de aperfeiçoamento.

 www.boanova.net

 www.facebook.com/boanovaed

 www.instagram.com/boanovaed

 www.youtube.com/boanovaeditora

Entre em contato com nossos consultores e confira as condições.
Catanduva-SP 17 3531.4444 | São Paulo-SP 11 3104.1270

MULHERES FASCINANTES
A presença feminina na vida de Jesus

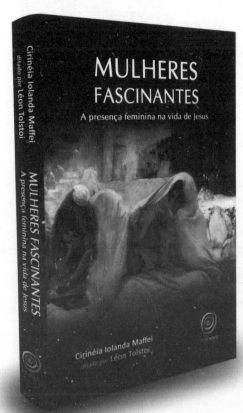

Cirinéia Iolanda Maffei
ditado por Léon Denis
16x23 cm
272 páginas
Doutrinário
978-85-9977-203-4

Os contos desta obra revelam alguns encontros do Mestre Jesus com pessoas que, apesar de anônimas, foram destacadas por Tolstoi neste livro. Esses inusitados personagens nada mais são do que seres humanos sujeitos às imperfeições encontradas em quaisquer indivíduos da atualidade. Nos encontros descritos é preciso identificar com clareza nosso orgulho, vaidade, humildade, dor, ódio, inveja, raiva, frustração e desesperança, bem como nossa humildade, abnegação e nosso altruísmo, latentes em nossaintimidade.

Catanduva-SP 17 3531.4444 | São Paulo-SP 11 3104.1270
boanova@boanova.net | www.boanova.net

UM QUARTO VAZIO
Roberto de Carvalho
Inspirado pelo espírito Francisco

Romance
Formato: 16x23cm
Páginas: 208

Reginaldo e Denise têm seu filho único, de vinte anos, assassinado por traficantes, sugerindo a possibilidade de o rapaz ter sido usuário de drogas. O trágico episódio abala a estrutura familiar, e o sentimento de culpa provoca doloroso esfriamento na relação do casal, transformando-os em inimigos que vivem sob o mesmo teto. Porém, na noite em que o triste acontecimento completa um ano, Reginaldo é conduzido, durante o sono, às regiões espirituais, onde passa por magnífica experiência e muda radicalmente o seu conceito sobre perda de entes queridos e regência das leis divinas.

 www.boanova.net

 www.facebook.com/boanovaed

 www.instagram.com/boanovaed

 www.youtube.com/boanovaeditora

Entre em contato com nossos vendedores e confira as condições.
Catanduva-SP 17 3531.4444 | São Paulo-SP 11 3104.1270

OS LEGISLADORES

J.W. Rochester
WERA KRIJANOWSKAIA

Romance | 16x23 cm

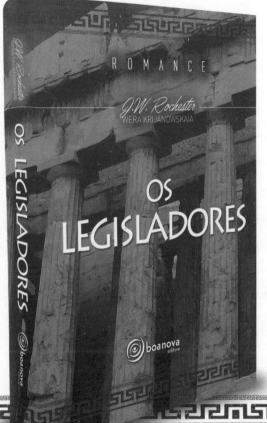

"Vamos lhe deixar um código de leis gerais que servirá de base para a futura legislação; cabe a você aplicá-lo conforme as características do povo nascituro, herdadas de suas existências anteriores nos três reinos. Sendo sacerdote, rei e legislador, você deve estudar todos esses detalhes para utilizá-los no âmbito da religião, ciências e artes, da forma que lhe sirvam de subsídio para o aprimoramento do povo. O que é o bem e o que é o mal deve ser claramente definido, para que os homens tomem conhecimento de que provarão a ira divina, se desobedecerem as leis. Sendo editadas para reprimir as paixões animais, responsáveis pelas descobertas cósmicas, estas leis devem ser tidas como divinas ou como mandamentos da Divindade."

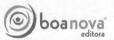

Entre em contato com nossos consultores e confira as condições.
Catanduva-SP 17 3531.4444 | São Paulo-SP 11 3104.1270

Conheça mais a Editora Boa Nova

 www.boanova.net

 www.facebook.com/boanovaed

 www.instagram.com/boanovaed

 www.youtube.com/boanovaeditora

Instituto Beneficente Boa Nova
Entidade coligada à Sociedade Espírita Boa Nova
Av. Porto Ferreira, 1.031 | Parque Iracema
Catanduva/SP | CEP 15809-020
www.boanova.net | boanova@boanova.net
Fone: (17) 3531-4444